IMPENDING DISASTER TO EURO

即将来临的 欧元灾难

【德】君特·汉尼希 著

张利华 译

一个濒临破产的金融体系？

中国青年出版社

目录 CONTENTS

前　言

"资本主义的自我毁灭将以它的货币体系的破产为先导。"

——列宁（Lenin）

　　十多年之前，欧元被引入我们的生活。根据民意调查，实际上当时有 90％ 的民众对此是持反对意见的。但是，在做出如此重大决定的时候，民众的意见并没有被问及。现在，十年之后，我们知道，当时民众的"内心感觉"是正确的。欧元并没有实现它当时的承诺。欧洲并未因欧元得到共同的增长，反而被搞得分崩离析。

　　当 2002 年初作为现钞被引入的时候，欧元就迅速地获得了一个昵称："贵元 Teuro"（由德语昂贵 teuer 和欧元 Euro 合并组成。译者注），因为随着它的引入，物价开始

1

疯狂地上涨。

民意调查显示，即使在现今，欧元仍然只在很少的程度上在民众中"扎根落户"。根据民意调查，现在有75%的民众即使是在小金额时也仍然以马克来计算，只有36%的被访问者对欧元持正面的态度，并且，这个比例还在不断地缩小。

各个国家的国民希望重新使用他们自己国家的货币——在当时赞同欧元的法国人、意大利人和西班牙人中，一半以上愿意重拾他们自己原来的货币。在德国，甚至2/3的民众愿意重新使用德国马克。

可是，这还仅仅是这种强制货币最无关痛痒的结果。更糟的是随之而来即将发生的事情。在2008年发生的金融危机中就已经显示了，欧元区的紧张关系在不断地扩大，并且，欧元区各国不再能像以前那样以一种合适的货币政策来应对这种紧张关系。

这种紧张关系的后果会变得无法承受，它终究将强制地拆散欧元联盟。

由此引起的损害我们今天还无法估量。但可以肯定，其损害是巨大的，对其的清理将要经历几代人的时间。

为了了解到底是如何就会实施这项颇具争议的工程的,它到底还会有什么具体的后果,我们必须回顾历史,因为如果不认清过去,也就无法预言未来。

首先,我们必须解释,从经济学的角度来说,对于一个如此巨大但又完全不统一的经济体,为什么一种单一货币是无法正常运转的。

这本书是我在 2001 年出版的、在此期间已经售罄的著作《欧元》的续篇。在那本著作中,我就已经预言了关于欧元的到目前为止的种种后果。

第一章
欧元崩盘——一种可能的场景?

"一个国家,如果其经济在未来几年中会遭受严重的衰退之痛,并且,担心其会转变为慢性的衰退,那么它可以尝试离开欧洲经济货币联盟(EWWU),以便缓解它的货币紧张状况,降低其货币的币值。"

——美国经济学家马丁·费尔德斯坦(Martin Feldstein)

目前,欧元被政界、经济界和媒体描绘成我们时代的一项"杰出成就"。但是,很少有人询问欧元的意义何在,特别是很少有人探究由单一货币产生的各种危险。所以,通过一个假设的场景来探讨一场欧元危机将会导致什么

1

结果，就显得更加有意思了。

请你设想，经济危机进一步恶化。在德国周边，与"硬通货国家"相比，越来越多的之前的"软通货国家"陷入日益加剧的困境之中。这些弱国的困难是如此之大，以至于在这些国家的极端主义党派就会获得成功，并且宣布退出欧元联盟。

乍听起来没有什么危害，因为最初只有意大利宣称想退出欧元区。但是，在半年之内，这种情况会发展成一种真正的灾难。

步意大利的后尘，在几周之后，先是西班牙，然后是希腊和葡萄牙都相继预告要退出欧元联盟。

最初，这种退出浪潮还被我们的政治家们所轻视。他们认为意大利太小了，以至于无法对欧元联盟产生影响。可是，当越来越多的国家紧跟其后，到最后真正变成了一股退出浪潮的时候，局势就变得明朗了——欧元保不住了。

如同欧元引入时的非民主化一样，现在，它又将被非民主化地取消。德国政府声明，只回收由联邦银行发行的，以字母"X"开头的纸币，并兑换成新德国马克。因为没有人对这样一种欧元的退还清算做好了准备，结果就会发生各种混乱的事件。民众涌向银行，希望立即拥有新的货币。可是因为商业银行既没有足够的准备来应对这种事件，又没有新马克的纸币库存，所以无法进行兑换。

接着，政府会采取应急措施，确定 10 欧元只能兑换 1 个新德国马克。即使这样，银行纸币的库存仍然不足，所以，货币的大部分只能以 IC 卡的方式，作为"虚拟货币"发行。

因为没有人对新货币的购买力有什么概念，2002 年引入欧元时发生的类似事件就会重演——企业任意制订过高的价格。而购买力的损失则导致了对储蓄者财产的赤裸裸的剥夺。

不久，IC 货币被证明是非常糟糕的。因为现在几乎所有的往来支付都通过非现金来进行，现金的匿名性也就几乎完全丧失。每次交易都是可监控的，并且交易信息都会被储存。谁、什么时候、在哪里、以什么价格购买了什么东西等这些信息都会被存储起来。很快犯罪集团就会掌握这些数据，并根据可确定的行为特征，以敏感的数据敲诈勒索成千上万的民众。

　　由于欧元的崩溃会显著地加深本已非常严重的经济危机，欧洲内部的紧张关系也会迅速加剧，直到发生军事冲突。

　　欧盟以进一步地削弱自由来对这种紧张关系做出回应。紧急状态法被颁布，"欧洲部队"被投入有条约的各个国家，以暴力镇压任何的不满。欧洲变成一种独裁专制，在这里，"民主"仅仅是一句空话。

　　看来这就是欧元工程的结局。

　　欧元的诞生史表明了为什么欧元从一开始就是一个死胎。美联储前主席格林斯潘言之有理："欧元将会来临，但它不能持久。"

第二章
欧元——一个灾难性的回顾

"我更赞同这样一些人的观点,他们希望最大限度地降低,而不是最大限度地扩大国家之间的经济交融。思想、知识、热情好客和旅行,这些东西从它的本性来说应该是国际化的。但是产品应该是本国产的,只要这么做是理智的和可能的话。特别是财政金融,本性上应该就是民族的。"

——约翰·梅纳德·凯恩斯(John Maynard Keynes)

鉴于上述的这种可能的场景,我们非常有兴趣对最近十年欧元的发展历史做一个简短的回顾。很显然,这种单一货币的整个历程完全是负面的,并且最后会以一场崩溃而告终。

在 1999 年,各种欧洲货币的汇率被"不可改变地"确定。三年后,各国的货币通过兑换欧元被最终取消。

贵元

在此,第一次让普通民众明显地感到不快:在马克向欧元转换时,很多企业的价格不是按原价格换算成欧元的,有的价格是明显地被凑成整数了,有的企业甚至于把 1.96 马克不是换算成 1 欧元,而是直接转换成 1.96 欧元。以前值 1 马克的东西,突然几乎贵了一倍。在这个阶段,欧元有它的一个昵称"贵元"。

德国经济被扼杀

但是,更严重的是它的国民经济效应。因为在欧洲只存在一个唯一的利率,现在德国必须给之前的软通货国家的低利率提供金融支持。因为由于这些国家的通货膨胀政策和比较虚弱的经济力量,这些弱国的利率明显比较高,而德国的利率则非常低。现在,所有利率归为一个中间值——这个中间利率水平对德国来说太高,而对那些弱国来说则太低了。其结果是,德国经济由于极端的、过高的利息负担逐渐滑向了危机,而那些弱国则由于人为的利息减负出现了繁荣。

由此,之前的"增长火车头"德国变成了欧洲的"尾灯",在欧元正式导入的几年中实际上没有得到任何的增长。以这种方式,德国通过它的庞大的利息负担支持了那些弱国的虚假的繁荣。这些国家则以此吹起了房地产的泡沫。

软通货国家出现危机

几年后,情况才发生了些变化。德国经济重新变强,以它的低得多的单位人员成本将那些弱国带入了困境,使之日益无法同强国相竞争。此外,从 2007 至 2008 年以来,欧洲的房地产泡沫破裂,银行危机使得弱国比强国更严重地被世界范围的经济危机所击中。其后果就是国债利率水平的差异越来越大,比如说,希腊必须以高于德国两个百分点的利息成本才能实现国债融资。与以前各国都有自己的本国货币不同,现在,软通货国家不再能够进行本国货币贬值,因为它们同强硬的欧元捆绑在了一起。由此产生了国家之间的紧张关系,没有汇率作为缓冲器,这种紧张关系是不可能得到解决的。所以,它将迫使这些国家退出欧元联盟。

由此,欧元的总体经营结果对于所有国家来说都是负面的。没有任何一个国家能够采取合理的货币政策,所有国家都陷入了共同的危机旋涡,没有任何出路。

鉴于上面对灾难性后果的简短描述,人们不禁要问:局势怎么会发展到这样的地步呢? 这种单一货币又是为什么会被引入的呢?

来源:曼雷德·文策尔,科隆,1995 年

漫画 1:"我只想知道我积攒的那点钱会怎么样?

第三章
前史:欧元——一个反民主的怪物

"都柏林,1990 年 4 月:两个月之前,戈尔巴乔夫放开了德国统一之路,这让撒切尔(Thatcher)夫人吃惊,让弗朗索瓦·密特朗忧虑。人们开始考虑,如何才能束缚新的、强大的并且是让人惧怕的德国。这时,在地平线上升起了马斯特里赫,一个关于欧洲联盟的条约。"

——《世界报》,2000 年 4 月 27 日

　　从一开始,当时的各国政府就是以非民主化的方式对欧元进行决策,并以强大的媒体宣传对它的引入加以推动。在 20 世纪 50 年代,欧洲一体化的运动就已经开始,比如一家法国的新闻周报引用苏联的所谓典范的发展作

为例证，来说明欧洲也需要一个巨大的经济区域。通过这个经济区域，供给和需求会提高，不仅仅工业企业，而且农业都能受惠于此。一方面是由于欧盟农业政策的失败，另一方面是由于苏联的崩溃，这种观点几乎不再会被引用。所以，欧元的宣传是以更加巨大的规模被导向另一个方向。这种情况就已经表明，大资本家在单一货币方面有着强烈的利益和兴趣，他们要不顾一切反抗地来实施这种货币政策。如果说政治家们几乎在所有问题上都有意见分歧的话，他们在放弃货币自主权这个问题上可是特别地意见一致。引入欧元的议案在联邦议会以大大超过90％的比例获得通过，尽管国民的大多数对这个工程是持反对意见的。后来的征询表明，政治家们不仅不知道单一货币的各种内在联系，而且对许多基本的资料，如稳定的标准，也几乎没有什么了解。与此相反，在2000年秋天，在全德国，就有63％的民众反对取消德国马克；在东德这个比例更是高达77％。在欧元纸币被引入前不久，拒绝单一货币的人数则达到了90％。鉴于决策者们顽固地坚持匆匆地通过这项不受欢迎的、针对本民族的措施，我们有理由猜测，他们可能是处于巨大的压力之下。即使到后来，政治家们也从未打算让民众参与决策过程。当欧盟专员菲尔豪伊根正确地要求让德国人民对欧盟东扩进行表决时，媒体的反应充分地说明了这一点。媒体认为菲尔豪伊根发表的意见是不负责任的，因为基本法没有规定对此要进行联邦范围的全民决策。他的建议也被认为是不可思议的，因为作为东扩专员的他本应关心新成员的成功加入，而他的建议造成了一种他本人就反对东扩的印象。当然，在媒体评论的任何地方都不曾谈到，如果一小撮政治家违背民意，放弃了一个国家的货币自主权，从宪法的法律意义上就不仅仅是可疑的。而且，媒体评论也不曾提到，像欧盟东扩问题一样，整个欧元工程都应该由全民进行表决。

　　"德国不能逃避它在欧洲重塑过程中的责任，哪怕这在开始时会要求做出牺牲。"

——诺伯特·布吕姆

德国被迫接受欧元

　　问题是：既然德国从金融和经济的角度对这样一种单一货币根本不可能感兴趣，为什么德国的政治家们却反而如此积极地要加入这个不受欢迎的统一工程呢?

历史的背景资料能够对此提供一个答案:1990年,德国面临统一,这种局势的发展让大部分欧洲邻国感到威胁。它们显得非常害怕统一后的德国增长的经济实力。所以,这些国家试图尽可能地把德国与欧洲紧密捆绑在一起,从而使德国失去经济政策的独立性。取消货币的自主性正好适合于这个目的。所以,在德国统一后,取消德国马克的决定在1992年通过《马斯特里赫条约》中得以实现。汉堡中央银行前行长总裁威廉·吕林教授的一个讲话也支持了这种假设:

"就我们所知,作为赞同(他们也许也无法阻止的)德国统一的条件,这些国家要求德国必须被'扎上篱笆','绑上锁链'。为了达到这个目的,除北约和欧洲一体化以外,最好的办法就是统一货币。"

如同我们在后面还会看到的那样,这种假设也被其他一批教授所共享。这些教授在联邦宪法法院对欧元提起了诉讼。

为了弄清事情的背景，为了准确地估计目前的事态，我们需要再一次近距离地来观察欧元的引入过程。这里要提出的问题是：欧元引入的各个阶段是如何进行的？从经济上来说，欧元是否有意义？或者说欧元给这些国家造成了什么威胁？

"如果没有一个统一的货币，我们大家——您和我们——都将屈服于德国人的意志。如果他们提高利率水平，我们只能跟随。不属于这个货币体系的您也同样要这么做。只有存在欧洲中央银行，在那里可以共同决定时，我们才能够参与意见。"

这是德国重新统一后法国总统密特朗对英国首相撒切尔说的话。

《马斯特里赫条约》——一个没有战争的《凡尔赛协议》？

多年就职于外交部的高级官员威廉·施恩菲尔德尔对英国记者大卫·马尔斯说，在 20 世纪 80 年代末，当讨论法国的短程核导弹（这种导弹只能在德国领土上爆炸，所以威胁着德国）时，法国人就把"德国核弹"牵涉进来。因为德国并不拥有自己的核武器，所以，密特朗的亲密顾问雅克·阿塔利解释说，这里的"德国核弹"指的是德国马克。

因此可以看出，法国认为德国马克是同样具有危险性的和不可控制的，就如同德国拥有自己的核武器一样。

1988 年 8 月 17 日，法国总统密特朗在内阁会议上解释道："德国人是一个伟大的民族，它缺乏一定的自主特性，并享有一个被削弱的外交地位。德国通过它的经济上的优势平衡了它的弱势。马克在一定程度上是他们的核力量。"

所以，货币联盟从一开始就是被看作限制德国经济优势的手段。德国联邦银行总裁珀尔在 80 年代末还曾认为，货币联盟是一个需要百年才能完成的任务。当德国重新统一显出端倪时，国外的马克反对者才能够利用它来构筑政治压力。

特别是法国，害怕一个经济上进一步强大的德国，敦促着建立货币联盟。密特朗进一步强调了他的意图，即德国必须做好在欧洲被封锁的思想准备。然后，德国政府屈从于这种政治压力，同意欧元工程。

1992 年，在马斯特里赫签订的条约最终决定引入欧元。对于欧元的实施，决策者设想了三个主阶段以及一个之前的准备阶段。

准备阶段：1995 年欧洲议会通过欧元导入的版本；

1997 年 1 月 1 日，确定欧元和欧洲中央银行的法律框架；1998 年初，产生欧元参与国的名单；在 1998 年期间，颁布法律规章，决定欧洲中央银行的货币政策工具；

1999 年 1 月 1 日，确定欧元和各国货币之间的汇率，欧洲中央银行接手监管货币政策的职能，银行间的货币划转以欧元结算单位来进行。

2002 年 1 月 1 日，通过发行欧元纸币和硬币取消各国原有的货币。

对导入欧元进行的讨论就已经是显得非常不同寻常。

"法国首先想掌控德国中央银行。"

——贝尔纳特·科诺林，欧盟高级官员

欧元宣传——一个骗局

欧元的导入阶段是一个社会公众充满矛盾和错觉的时期。在这个时期，批评的声音几乎不存在，或者无法得到表达。媒体的声音几乎是一致的，绝大部分的报道都推崇欧元为欧洲的"造福之人"。当欧元的"论据"中充斥着强烈的情绪，而缺乏铁一般的事实的时候，批判性的观察家们逐渐意识到这个欧元工程有些不对头。比如，以德国国家足球队教练为形象开始的规模巨大的宣传活动，用的是毫无意义的标题，如"欧元是一记通往下一世纪的斜传"，"欧元就是未来"，等等。

没有人问一下，一个足球教练是不是确实有能力对这么一个决定性的论题做出判断。更多的只是想通过这个广告，引起热爱足球的那部分国民的兴趣并操纵他们。同样，在媒体上，几乎从未报道单一货币的根本性的问题。与此相反，对舆论引导者来说，更多的是给民众通报一些不重要的问题，比如，当欧元到来后，硬币收藏会有什么结果，或者一磅咖啡的价格将会是多少。报纸杂志也特别关注应如何处理旧纸币的问题，焚烧和沤肥哪个更好。有

时，也出现令人可笑的信息，比如，欧盟委员会担心，在
2002 年初引入欧元时，旧的和新的硬币的重量会对银行的
建筑造成损坏。如同我们将会看到的，通过欧元引起的损
失比一些银行建筑物受损后出现裂缝的担心要大得多。

播图 1：欧元讨论中的典型的虚假广告

为了让民众感受到通过引入欧元彻底废除本国货币的美好，宣布了以 20 马克出售所谓最重要的欧元硬币的收藏入门套件。这个套件的实际价值比支付的 20 马克高 1 分币（约 2 芬尼）。决策者将此举描绘成"慷慨的折扣"。代替实质性的解释，在其他情况下争吵不休的各党派意见一致地认为，应该通过加强的广告宣传来使得欧元受民众喜爱。比如说当时的联邦总理格哈特·施罗德号召，不仅仅要使得国民理解欧元，而且要让他们热爱欧元。反对党们赞同了施罗德的看法。基民盟议会党团主席费烈德里希·美尔兹呼吁要排除民众的恐惧心理，因为政策需要国民的赞同。前财政部长特奥·韦格尔的表态也正适合这场虚假的运动，他声称，欧元是"对市场全球化的唯一正确的、也恰恰是及时的回应"。他把欧元看作是国家联盟的依靠，认为欧洲需要一个拥有共同货币的统一市场。这种说法当然只是一种论题，始终没有对它的论证。

但是，决策者们还走得更远，他们还广泛地使用大众心理学的花招。他们公布一项让民众讨厌的决定，然后在赞同者和夸张的反对者的虚假的争吵中来不停地说服民众。这样，民众很快就不再想更多地了解此事，而是适应了这个不受欢迎的决定。

为了加强对欧元的信任，欧盟委员会在各个欧盟国家正式聘用了 170 名科学家和经济学专家。他们应该用科学的客观性来打消充满忧虑的国民的恐惧和保留态度……在委员会的"封口协议"中表述为："他们将特别地放弃对委员会信息的个人的和主观的解释。即使在表达个人意见时，他们也不允许发表与委员会矛盾的看法。"

——《焦点》，1997 年第 19 期

欧元运动——大众的自我欺骗

当创立单一货币的计划在各大媒体公布时，在民众中引起了强烈的反对。所谓的欧元反对者带着站不住脚的论据，如"欧元会带来通货膨胀"闪亮登场。大众们得到一个印象，好像他们的利益得到了恰当的体现。而反对单一货币的真正有说服力的论据，在赞同者和所谓的反对者之间的假斗中根本没有被表述，大众们对此也不感兴趣。在一段休整后，越来越多的"欧元反对者"转变成了赞同者。因为通货膨胀的观点也没有得到证实，大众们突然有了这样一个印象，即反对欧元的各种论调确实是站不住脚的。所以，单一货币的决定能够在 1999 年初如计划的那样，没有遭遇任何反对得以通过。通过对虚假论据的广泛的讨论，大众得以充分发泄他们的情绪。所以，甚至于在欧元显示出它的灾难性的特性时，也不用担心遭遇反对。心理战略的方向始终是：让国民关注不重要的虚假论据，以达到掩盖欧元工程的真正危险的目的。

官方当局最后还能够做的就是，采取一切办法，隐瞒各种确凿的批评性的论据，封住反对者的嘴巴。国际货币基金组织（IWF）甚至于在展开引入欧元的辩论前就提出了警告，声称只有乐观主义才是关心稳定。以此，欧洲单一货币失败的罪责在它的准备阶段就已经被归因于批评者。他们被认为是挑起争端，并由此引起资本的结构变动和货币的波动。

非常遗憾，教会也没有对欧元工程提出批评性的看法。在一个针对欧洲共同体主教会议委员会的表态中，主教们完全按照通常的欧元宣传解释说，货币的转换会给旅行带来便利，并使各国的价格变成可以比较。认为欧元的发展前景已经使欧洲远离亚洲和俄国的金融危机。今后，欧元联盟内部的竞争压力会进一步导致各国国民经济的变革。此外，关于货币联盟构筑了新的围墙的看法是完全错误的。宁可说，通过欧元在欧洲创造了一个新的稳定的极点。这个极点会变成一个未来的有利于稳定的塑造因素。在这中间包含着一个团结的欧洲的希望，它将开启一个内部和外部的新的团结的局面等。问题是这些主教们在多大的程度上能够对这个论题进行自由的评论，他们是否具有能力发表这样一个评论。

在这种社会环境下，一个批判性的讨论几乎是无法想象的。

批评者根本没有得到宽厚的对待。一个典型的例子就是欧盟的前高官贝尔纳特·科诺林。从 1991 年起，他作为欧盟委员会的部门负责人直接地参与了货币联盟的筹备工作。科诺林试图对民众提出警示，所以他想要发表自己的观点，认为单一货币将扩大欧洲的政治上的不和，并导致严重的经济损失。可是他永远也得不到他的主管的同意，去发表这种警告性的观点。无奈之下，他发表了一本爆炸性的书籍。在这本书中，他将欧洲货币联盟描绘成腐败的工程。通过一个惩戒诉讼程序，这个不列颠人很

21

快被欧盟委员会开除了。如同所期待的那样,这个开除决定在 2001 年初被欧洲法庭批准,其理由是:科诺林未经允许发表了批评性的、侮辱欧盟委员会的文字,由此,他超越了作为官员的言论自由的基本权利。一个圈内人试图促使大家注意欧元工程的弊端,并且从他的良知上感觉有责任不让欧洲受到损害,这在欧盟内却是不被赞赏的。

被允许的对欧元的批评主要是限制在不重要的关于稳定标准的讨论方面。由此,所有的思考都被集中在非根本性的领域,批判性的观点从一开始就被抽去了根基。而在讨论稳定标准的时候则忘记了一点,即没有了经济上的正确性,这些价值标准也是被任意确定的。为什么国家债务占 GDP 的比重不超过 60% 是正常的,而占 70% 的话就被视为不健康呢? 对此,即使是欧元的赞同者也承认,对于标准的确定,没有具有稳固基础的背景资料。

可是,正是单一货币的这种不加批判的引入将带来巨大的问题。由此产生的紧张关系最终会迫使对人为固定的汇率重新进行调整。投机者则能够重新偿还贬值了的债务。当 1992 年 9 月 15 日亿万富翁乔治·索罗斯通过投机打碎欧洲货币体系时,上映的是同样的一幕。很显然,人们并没有从历史中学到任何东西。所以,经济学家、英国经济部长的前顾问瓦尔特·埃尔提斯博士期待着欧元联盟在成立不久就会瓦解。乔治·索罗斯也表示要消灭欧元。

　　"消耗胃,消耗德国的汁液,

　　直到一下子耗尽你的力量,

　　心脏病了,身体一蹶不振,

　　德国的苦难是世界的末日。"

——《菩提树之歌》,1850 年的预言

德国遭受盘剥

　　对欧盟内片面的负担分配的批评也慢慢地出现在公众之中。仅仅是 1995 年,德国向欧盟财政金库支付的金额就比回流的多大约 250 亿马克。其他的国家如西班牙和法国是纯收入国,不难理解,它们敦促着一体化过程的继续快速推进。德国对欧盟市场的依赖性也总是被高估。在德国,只是每 8 个工作岗位中有一个依赖于向欧盟市场的出口,而其他成员国平均每 7 个岗位就有一个依赖于出口。

即使在欧元导入后的年份里也没有发生太大的变化。在 2005 年,德国以超过 60 亿欧元的金额仍然是欧盟最大的付款人。

如果统计从 1995 年到 2003 年的数据,那么,德国向欧盟金库支付的金额比其回流的金额高出 760 亿欧元。由此,纯收入国得到的总额 1430 亿欧元的款项中,有一半以上是由德国提供财政支持的。

设想一下,甚至于到 90 年代末,这些数据仍然被密封着,因为欧盟声称,不能让这些数据的公布来损害一个统一的欧洲的目标。这些数据恰恰显示了这个体系的完全的不公正。

当这些数据被欧洲审计署的一名官员公布于众时,欧盟的负责人们声称,仅仅是这些数据本身并没有说服力,因为各种利益,包括支付国们得到的利益,要比这个数字大得多,毕竟我们已经 50 年没有战争了。

在欧洲中央银行(EZB)接管了货币自主权以后,财政上的损失就变得更糟了。

在今天经常被忘记,向欧洲中央银行移交货币自主权首先对德国是个很大的损失，因为德国中央银行的可观的利润没有了。

慕尼黑大学莱布尼茨经济研究所宣布，仅仅 2002 年初欧元货币的导入就给德国带来了 300 亿欧元的损失。根据研究所主席汉斯·维尔纳·西恩的观点，这项损失是由于发行货币时的利润从德国中央银行转向了欧洲中央银行。在这方面，德国是最大的输者，而法国是最大的赢家。专家们解释说，所谓的货币发行盈利是这样产生的，即各国的中央银行向私人银行提供由它发行的现钞，为此，这些私人银行必须把有价证券交存在中央银行。从这些作为保证金的有价证券上，中央银行赚取了利息收入，这些利息收入被用于国家财政。而这一切随着欧元的引入都被取消了。从那时起，得到这笔盈利的欧洲中央银行按照一个在《马斯特里赫条约》中确定的分配比例来分配这些利息，这个分配方案严重地歧视像德国这样的国家。德国对总额为 3520 亿欧元的货币发行盈利贡献了 39％，而它得回的只有总额的 31％。与此相反，法国贡献了 12％，却得到了 21％。

"根本不可理解的是,是什么东西促使德国政府参与这项协议。同样不可理解的是,专家们对这个协议恭维的是什么。"

——黑森州银行前行长,威廉·汉克教授

所谓的欧元优势——事实惩罚谎言

首先需要提出的问题是,欧元到底会带来什么好处?在大多数情况下,会把消除度假者的换汇费用列为理由。

在关于换汇费用的讨论中,有一点非常引人注意,这就是很少提到能够说明这项费用规模的具体数据。更多的只是描述给度假者带来的、节省换汇手续的表面好处。专家们估计,欧洲范围的换汇成本为总贸易额的 $0.3\%\sim0.4\%$。从税收负担的角度来看,这个金额没有多大的意义。在谈论度假者的换汇成本时没有注意到,费用问题是一个完全另外的东西,与引入单一货币没有什么关系。所以,欧元根本不能使其有所减轻。相关的论点和承诺显然都只是自欺欺人而已。

同样没有从根本上加以说明的是这样一种观点,认为为了能够加强欧洲内部的贸易,欧元是必须的。实际的数据表明,这种观点是不能令人信服的。在国际上,每天的交易量为2万亿美元,其中只有1%～2%是用于贸易和服务的。从这里就可以清楚地看到,欧元的引入几乎不涉及贸易条件的改善。真正变得容易的是资本的移动,而这只有大银行和大企业集团们使用。正是这些机构,是欧元导入的决定性的推动者。人们完全有理由假定,他们这么做肯定不是出于什么利他主义。危险在于:垄断的趋势在不断地增强,最后少数几个大银行就能够控制整个经济。在这方面,欧元区在世界范围扮演了一个主要的角色。

如国际货币基金组织估计的那样,欧洲银行持有全球54%的金融工具(股票、债券和贷款),而美国银行只持有22%。与当时许多单一的银行拥有各自的货币不同,欧元货币集团的势力获得了明显的增强。此外,自从欧元引入后,相对于生产和劳动,资本取得了日益增强的优势。不足为奇,恰恰是大资本的代表——银行和大企业集团——是欧元工程的真正发起人。有组织的犯罪集团对单一货币肯定也并不是没有兴趣的,因为欧元引入后,在意大利索取的钱财可以毫无问题地(比如在德国)被"漂洗干净",也就是投资于德国经济。再加上现在已经腐化的欧盟官僚机构,它使得犯罪集团更容易地按自己的意愿来摆布政策。通过欧元,有组织的犯罪得到了明显的增长,并达到了失控的规模。不管谁是欧元的最大受益者,有一点是肯定的,面对合法和非法的垄断资本家,小企业、工人和诚实的市民明显地失去了他们的权利和自由。

"瓦伦的研究小组为德累斯顿银行所做的一个民意调查表明,75%的德国人有时在小金额支付时也会换算成马克。这个比例几乎和2004年的情况完全一致。根据民意调查,总体来说,欧元明显地失去它的支持。在被调查者中,只有36%的人觉得欧元不错,而在2006年的时候这个比例还是42%。"

——法新社(AFP)报道,2007年12月18日

"贵元"

当时,欧元的赞同者认为欧元的最大"优势"就是所谓的更强的竞争,并由此带来更低廉的价格。正是在这方面,欧元引入后仅仅几天内的情况就表明,这只是一个空洞的承诺。欧元现钞引入后,价格迅速地攀升,因为很多

企业 1:1 地来调整价格。以前值 1 马克的东西，在欧元引入后变成值 1 欧元，几乎相当于 2 马克了。

　　服务行业，特别是饮食行业特别让人感到不快。

第四章
对欧元灾难的最初告诫

"如果我是德国人的话，我无论如何会保住马克。"

——玛格丽特·撒切尔

早在 1998 年初，威廉·汉克、威廉·吕林、卡尔·阿尔布雷希特·沙赫特施奈德以及约阿希姆·施塔巴提等几位著名的教授就曾在德国联邦宪法法院对引入欧元提起诉讼。诉讼时提供的背景资料展示了一幅清晰的画面，让人们了解到这项工程是以怎样的强权和非专业的方式被政策操纵者草率通过的。

专家们强调指出了欧洲内部各个国家情况的差异性："最主要的风险在于被带入货币联盟的内在分歧。在过去,能够通过价格、利息和汇率来避免各个国家各种不同的政策和不同的经济发展状况带来的冲突。这种可能性在货币联盟中不复存在了。如果在货币联盟中就恰当的汇率问题发生分歧,就会演变成政治性的争论。而这在过去几乎是悄无声息地就由市场加以疏导和调整了。"如同我们在后面还会看到的那样,正是这个汇率缓冲的消失,是这项工程注定失败的主要原因。

"欧元是德国重新统一的代价,对此,联邦政府无法回避。这涉及政治决定。"

——卡尔·海因茨·戴克,纳税者联盟

取消德国马克作为重新统一的代价

为什么在经济上没有意义的货币联盟会被引入呢?其论据是非常有趣的:"这项工程的动机在于以日益一体化的政策来束缚重新统一的德国,欧元是作为统一的代价。"联邦德国前总统里夏德·卡尔·冯·魏茨泽克的话被援引作为进一步的例证:"在未来不再依赖于拥有占优势的马克的德国联邦银行,这种最先由法国人,但后来也由其他国家表达的愿望，就是欧元工程的原因。"教授们提醒人们注意这些国家，并描述了在那里占优势的意见："归结它们的主要观点，货币联盟就是一个为了适应日益紧密的政治联盟，在德国和法国之间达成的取消马克的协议。"在《马斯特里赫条约》签署后，首先是废除德国马克被作为成果加以强调，这一点也恰恰佐证了上述观点。因为在过去，欧洲货币体系中的各个中央银行必须向最强的货币德国马克看齐，"夸张地说，比如一个德国的州中央银行的行长比法国的财政部长对法兰西银行的货币政策有着更大的影响。作为主导货币，德国中央银行公布汇率，其他国家的中央银行如果想稳定本币对德国马克的汇率的话，必须紧跟着它。"按照教授们的看法，随着单一货币的引入，原来的占统治地位的竞争状态转变成了一种垄断。具有固定汇率的欧洲货币体系本身是非常愚蠢的，如果撇开这一点不说的话，弱国想要废除德国马克的愿望完全是貌似合理的。与通过弱币本身可能施加的影响相比，这些弱国希望通过单一货币这种方式，能够在欧洲中央银行对政策施加更大的影响。

所以，货币联盟从一开始就没有经济方面的基础，它只是许多欧洲国家废除德国马克的政治愿望。

"所有货币联盟都需要有转移支付联盟。"

——汉堡中央银行前行长总裁威廉·吕林教授

汇率、转移支付联盟和失业

像欧元这样的一种单一货币对汇率、转移支付联盟和失业的影响是特别广泛和复杂的，由此，常常不能被正确理解。遗憾的是，即使是上面提到的那些教授们，在他们的书籍《欧元诉讼》中也很少深入探讨反对单一货币的根本性的论据，即汇率的作用方式。汇率被区分为两类，也就是灵活的汇率和固定汇率，其中灵活的汇率是被作为各个货币领域的缓冲器。教授们写道："活动的汇率是不同的结构和政治形式的阀门。与此相反，如果约定固定的汇率的话，也必须约定当时的货币和财政政策。"如同在后面还会进一步论述的那样，这就是说，只有当参与的国家同样地进行组织，并采取类似的政策时，固定汇率，进一步说就是单一货币才能运转。在这样一个体系中，只有当在成员国中充满着团结互助的气氛时，紧张的关系才能够被消除。但是，如同上述教授们正确地指出的那样，德国联邦各州之间为了财政平衡不断发生的争吵表明，这种团结互助即使是在德国内部也从未真正出现过。

如果这个体系要运转的话，货币联盟方面的棘手之处始终是这样一个事实，那就是必须要有一个货币政策能适应所有不同的国家。下面是出自《欧元控诉》一书的几个摘录："但是，很快就会证实，货币政策工具的统一使用，从根本上来说，就是用一个主导利率来调节所有的货币单元，即新的货币联盟的所有国家、地区和部门，这是无法适应经济领域的多样性和灵活性的。""一个屈从于统一货币政策的经济共同体面临着这样的两难境地：一项紧缩的货币政策对于有的成员国是太令人痛苦的，而对于其他成员国来说则是可接受的，或者说是太容易承受的。如果转向扩张的货币政策，那么，利率的放松对一些国家来说还是太窄了，而对其他国家又可能是幅度过大了。"这不可避免地会导致弱国的经济衰退。

对于现在已经被取消的灵活的汇率的意义，教授们写道："汇率和利率起一个体温表的作用，它展示政治和经济进程是健康的还是不健康的。废除这个体温表，对国民经济的健康进程毫无帮助。"

按照教授们的看法,废除灵活的汇率的最大问题是被迫采取一种转移支付联盟,即强国必须向弱国提供财政援助。他们写道:"然后,各国的议会将不得不违背自己的意愿对这样的一种发展状况投赞成票。这是从后门溜入的欧元社会主义! 也就是说,他们不再能够控制和掌握议会的发展,因为,如果拒绝了这种调节的付款,就必须考虑到货币政策瓦解、欧元对外价值丧失、或者货币联盟解体的后果。"转移支付联盟的主要原因在于汇率的固定,特别是单一货币的存在。因为,对本国货币进行贬值的可能性丧失,摧毁了弱国在世界市场上的竞争能力。在货币联盟中,价格和工资都变成可比较的,那么在弱国中就会产生一种权利要求,希望拥有与强国一样的高生活水平。依照教授们的观点,这将给各国政府造成巨大的压力,同时,这种情况也必然会反映在欧洲中央银行的政策决定之中。没有了起调节作用的汇率缓冲器,各国不同的经济发展水平也会表现在大规模的人员流动方面。对此,《欧元诉讼》一书指出,"必须考虑的后果就是,人员从共同市场的低工资国家不断地迁出,并由此对高工资和高社会福利的国家造成日益增强的压力。工会的谈判地位将会被继续削弱。社会调节体系的财政状况将会继续恶化……"因此,通过单一货币,会造成明显的工资和高失业的压力。所以,根据教授们的说法,支持欧元的推动力量就是大企业和雇主协会:"基于这种可预见的前景,就不难理解为什么那些大企业和雇主协会如此积极地为欧元和它的尽早启动进行活动。与此相反,工会和左翼反对党对欧元充满热忱的话就是不可理解的了。恰恰是它们所代表的社会阶层,即雇员阵营随着欧元的引入而陷入困境之中。""由于来自欧盟的低劳动成本国家的工资竞争,在那些高生产率的高工资国家,首先是德国,就会产生工资压力和解雇的现象。对于已经建立的社会保障体系,其后果就是彻底地无法负担各种费用……"可是,失业的情况不仅仅涉及强国,而且也触及弱国,因为,这些国家失去了通过货币贬值来产生的竞争优势。《欧元诉讼》一书透露:"在生产率较低的低劳动成本国家,如果发生巨大的工资调整,或者,由于过高的单位工资成本导致合理化安排,预计也会出现日益增大的失业。"欧元支持者声称,为了能够实现欧洲的一体化,我们需要一个单一的货币。教授们驳斥了这种观点,认为欧洲一体化的发展并不依赖于货币联盟:"在整个战后时期不停顿地向前发展的一体化进程不需要一个货币联盟。其推断是显而易见的:为了取得不断扩大的劳动分工的比较优势,即使没有货币联盟,欧洲的一体化也会向前发展。"教授们还进一步指出了亚洲国家的情况。这些国家的情况表明,一体化不需要一个共同的货币联盟。教授们特别强调指出,与联盟相比,单一的国家更容易解决危机的情况:"亚洲国家的目前的危机(即1998年的亚洲危机——作者注)从根本上来说是由于它们的货币在一个太高的、错误的或者说变成错误的水平上单方面与美元挂钩。对于这场危机,与集体解决方案相比,亚洲国家各地,也就是在单一国家水平上能够更快地、更无后遗症地加以克服。因为,每个国家只需要让它的汇率与自己国家的状况相适应,而不需要等待,直到适用于所有国家的汇率重新被确定。"这意味着,在一场危机中,许多单独的货币比一个单一的货币还要来得稳定。相反,欧元肯定是会对危机更敏感。

"《新闻周刊》这样描述这种现象:'德国人不想要欧

元，但是，他们被引向欧元，就如同被引向宰牲凳的羔羊。'"

——经济学家约阿希姆·施塔贝提教授

对德国的剥削

此外，对德国的剥削是同欧元的引入相联系的。对此，教授们在他们的第一本共同的著作中指出，即将到来的转移支付负担是被欧元的支持者们有意隐瞒的："欧元支持者的魔法就是通过暗示条约中不相干的规则来简单地否认这个严重的财政问题。政治家们早就意识到，如果把数量可观的强制性的财政转移支付问题向经济状况较好国家的国民和盘托出的话，他们就无法向民众兜售货币联盟。所有的希望和期待都必然集中到德国身上。一如既往，德国反正占据着欧盟内部最大支付者的位置。"这意味着我们在未来必须承担欧洲援助资金的很大的一部分。不言而喻，这又是同税收和财政支出的提高相联系的。如教授们预言的那样，德国几乎无法同这种负担做抗争："基于下述的三个原因，德国将不得不支付更多的东西：第一，其他成员国不愿支付它们应承担的部分，这一点几乎无法避免;第二,受益国绝不肯同意接受削减结构基金和凝聚基金;第三,一个很难拒绝的论据是:德国作为欧盟最大的国家,也是最强劲地挤入货币联盟并自诩从中获得了最大利益的国家,也就不用客气必须为此付点代价。"

如同前面已提到的那样,除这些直接的负担之外,还有原有的、数量可观的中央银行利润的丧失。所以,专家们警告出现赤字和附加负担的危险:"必须迫切地警告货币联盟掏空公共财政的危险。为了满足德国的公共开支,为了支持一体化的进程,为了货币联盟的财政影响以及为了已经确定了的欧盟东扩,其资金的需求对德国经济来说是非力所能及的。"

"欧洲的单一货币,不管是叫欧洲通货单位(ECU)还是叫塔勒(Taler),都将以眼泪而告终。"

——尼尔·麦金农,花旗银行

非专业和假情报

全然不顾上述的非常明显的危险,政治家们还是继续抓住在经济上早就被驳倒的欧元工程不放。教授们对此予以大声的斥责:"推行这种政策,并且对德国的财政困境视而不见的人,今后将不得不屈从于货币联盟内部的进一步的财政要求,以便防止更糟糕的事情发生。"在真实的内在关系的理解方面,决策者非常明显地暴露出了他们的无能,对此,教授们评论道:"不但联邦政府,而且各党派或者劳资协议的各方,都不具有对操作过程中困难程度的敏锐嗅觉,或者说绝对必要的知识,欧元支持者们完全不可置信的陈词滥调以及对货币联盟的要求、风险和问题的始终不加讨论充分表明了这一点"。他们特别对德国前总理科尔提出了批评性的质疑:"联邦总理的态度正是这样,并且,他的态度对联邦政府的新闻政策的内容和风格是有很大的影响力。从 1991 年起,他就不厌其烦地、以完全令人担忧的狂热和承担风险的意愿,坚持最晚要在 1999 年 1 月 1 日取消德国马克,但却从未对事物加以批判性的思考。1991 年 12 月 13 日,他在德国联邦议会上说道:'我们无论如何要在 1997 年或者 1999 年建立货币联盟。'"恰恰是德国,这个受单一货币之苦最重的国家,最积极地致力于欧元工程。对此,教授们说:"在欧盟中,没有一个国家像德国那样,在没有专家讨论、没有充分的利弊辩论的情况下，力求废除自己的货币。"教授们进一步援引了受人尊敬的福克斯信件，它显示了欧元批评者是怎么被封杀的，以及媒体是如何被人摆布的："在公众舞台的背后，'思想意识的专制'以非常激烈的方式被实施。几个例证：对欧元的解释几乎全部掌握在大银行的手中。确凿无疑，与工业企业一起，这些大银行是欧洲经济区的最大的受益者。持怀疑态度的人从一开始就被排除在民意调查的范围之外。如果谁不经意地摆出错误的脸孔，邀请就会被收回。即使是有名望的、身居高位的银行家或者协会负责人也都是以几乎无人能比的冷言冷语来回应。他们完全知道欧元的风险，但是，他们不愿使自己的职业生涯受到威胁。其结果是：麦克风前的自我克制！德国媒体同样处于'政治正确性'的暴力统治之下。在如《资本》这样有名望的杂志上，欧元的怀疑论者是被封杀的。德国电视二台（ZDF）主要邀请欧元的支持者接受电视采访，《德国图片报》是由波恩定的调……新闻记者处于部长们的压力之下，过分地抱有怀疑态度的文章就会导致拒绝采访。"此外，教授们还指出了《新苏黎世报》，该报非常明确地把欧元支持者称为"货币政策强制一致"的追随者。

　　如教授们批评的那样,欧元的讨论被政治家们一致抵制:"从官方来说,任何的怀疑都会受到来自波恩的压制和反对,好像恰恰在这里我们能够不需要一个民主的辩论文化似的。所以,联邦总统明确地指出,对欧元问题进行争辩是危险的,这个论题必须与竞选相脱离。德国的外交部长则认为,任何对货币联盟的批评都是'轻率的、平民主义的和不负责任的'。"

　　与广泛的、希望保留德国马克的民意相对抗,决策者们继续动用一切力量,来完成这项不受欢迎的工程。所以,教授们指出了我们国家出现严重分裂的危险:"我们的诉状表明,压倒多数的民众认为,银行和工业企业是欧元工程的赢者,而在大街上的消费者和雇员是输家。对于民众的这种估计的正确性,存在着足够的经济依据。如果人们考虑到,在德国的联邦政府、各民主党派、雇主、企业家和工会,特别是在管理层面上,都几乎毫无批评地拥护欧元的迅速导入,那么,我们国家在这个生存问题上的巨大裂痕就会变得有目共睹。"根据教授们的说法,对于《马斯特里赫条约》的商讨,或者说对于欧元的引入,很显然连德国联邦中央银行都没有通告。他们写道:"德国大众、德国议会、特别是德国联邦银行没有被告知,说政府有意在《马斯特里赫条约》谈判期间就德国马克的废止日期与其他国家达成一致意见。"所以,在《马斯特里赫条约》谈判期间,是达成了一个早已深思熟虑的、不符合民主惯例的决定。

可惜教授们在他们的诉讼中没有足够深入地对我们的病态的金融体系进行剖析。特别是,他们过多地关注站不住脚的通货膨胀论点或者是不重要的稳定标准问题,而对决定性的货币运转问题,特别是汇率问题,他们只是顺带进行了考察。

如同可预见的那样,这项诉讼以呈送的方式,在 1998 年 4 月 2 日被联邦宪法法院以"显然站不住脚"为由驳回。

以通货膨胀为由反对欧元,从一开始就是不能完全令人信服的,这种观点只能把注意力从欧元的根本性问题上引开。所以,为了理解欧元的无可避免的后果,以及为了提出相应的对策,必须对基础性的规律有一个清楚的了解。

第五章

欧元——一种经济上的不可能

"货币联盟就是责任同盟，谁不承认这一点，谁就是欺骗大众。"

——经济学家约阿希姆·施塔贝提教授

　　如同我们在前面的章节中能够看到的，很多"专家"完全没有表现出他们的独立性，或者说根本不具有透彻地认清全过程的思维方式。所以，对于这些人的观点，不用太过于重视。不如说，重要的是要弄清楚什么是货币；为什么不同的国家有并且也需要不同的货币。此外，应该解释清楚，为什么单一货币对于类型各异的国家来说是永远不能运转的，以及欧元注定会导向怎样的一种灾难。

什么是货币?

如在后面的章节还会进一步阐述的那样,货币是一种法律规定的支付工具,包括硬币和纸币。与此相对应,银行存款(转账货币)只是对现金的债权,是从现金中派生出来的。这种货币的债权归根结底是银行的一种承诺,保证在任何时候都能够重新以现金支付银行存款,可是它从本身来说并不是货币。真正的现金和货币债权之间的区别清楚地表现在,当银行破产浪潮来临时,立即只有现金能够被接受。如同人们不能把某个百货公司的抵用券称为货币一样,某个个人或者银行的货币承诺也不能被描述为真正的货币。

"货币"这个概念是如此经常地被使用,但是,又是如此少的人真正知道这个概念指的是什么。这个单词出自中古高地德语"werunge",意思是对硬币的重量和成色的担保。现在,这个概念被用来表示一个国家货币结构的次序,也就是在一个国家中通过法令和货币体系确定的货币单位。决定性的标准是,每种货币都是局限于某个被定义的国家的。而国家的组成又是可以从历史的发展中得到解释的，或者简单地说，在这里，拥有同样语言、思维方式和工作道德的人们联合在一个类似的环境中，为的是创建一个共同的组织模式和自己独特的交换手段。所以，不同的国家也就产生了不同类型的货币。今天，这种不同类型的货币领域被描绘成"传统的奢侈品"，通过欧元的引入，它必须尽快地被清除。谁如果指出，这些不同的支付工具甚至对人民的幸福来说都是必要的，那他几乎是得不到支持的。

"《马斯特里赫条约》，这是一个没有战争的《凡尔赛协议》。"

——法国主流报纸《费加罗报》

不同的国家需要各种不同的货币

在欧元的讨论中，完全被忽略的一点就是欧洲各国所表现出来的完全不同的情况。比如，经济结构（占优势的是农业还是工业）、天气（寒冷的、温和的或者炎热的）以及工作态度（容易还是不容易罢工）。各国自己的货币任务就是保持这些不同区域的经济上的稳定。其调节的因素或者说货币的缓冲器就是自由的汇率。汇率表明的是为了得到另一个货币区的一个货币单位,需要提供多少本国的货币单位。比如,如果某人想用德国马克交换美元,他为了每一个美元需要支付多少马克。如前面已经提到的,汇率还区分为固定汇率和灵活的汇率。如果汇率缓冲器,或者甚至于一个国家的独立的支付工具被废除的话,那么,如同我在下面还将指出的那样,就会对国家的未来发展产生灾难性的影响。基本上来说在各国之间存在三种货币模式:

1. 灵活的汇率;

2. 固定汇率;

3. 单一货币(欧元)。

单一货币是固定汇率体系的激进模式。如同我们在后面还会看到的那样,一种如欧元这样的单一货币的运转首先要求固定汇率体系的运转。

在这里,首先要解释汇率对不同结构的国家经济的作用机制。

"到目前为止,自由的汇率还没有引起过一次货币危机。恰恰相反,它是调节各国不同经济发展的阀门。如果通过固定汇率关闭了这个阀门,改革的需求就会结聚起来,然后如同在巴西或者泰国一样,最终在一场崩溃中释放出来。"

——《世界报》,1999 年 2 月 19 日

通过灵活的汇率自我调节的秩序

灵活的汇率意味着不固定两个货币区之间的交换比例,也不试图对这种交换比例施加任何人为的影响。它是由市场的供需力量对比来决定的。如果一种货币被强烈需求,那么它的价格,也就是它的汇率就会上升。如果较多的国民想将他们节蓄的马克换成美元,那么美元的汇率肯定会上升。那么,为了得到一个美元,就需要支付更多的马克。

根据各国的经济发展水平,汇率会在各种不同的水平上达到均值,各国的经济波动由此达到相互的平衡。这意味着什么呢?

比如说,我们观察两个经济发展水平很不同的国家,它们之间存在灵活的汇率。一个强大的工业国家的经济

增长比一个弱国(比如说发展中国家)要快。由于工业国迅速的经济增长,这里的利润预期就比较高,所以,工业国对国际化的投资者来说就比较有吸引力。更多的资本流入工业国,所以它们的货币就变得更有吸引力,其货币价格就会上升;相应的,发展中国家对这个工业国的货币汇率就必然会下跌。

货币的交换比例对一个国家的外贸产生决定性的影响:一种上升的汇率意味着出口变得更困难了。因为,为了得到购买商品所需的升值了的工业国货币,外国的买主必须投入更多的本国货币。对于他们来说,这个工业国的产品变贵了,尽管工业国国内的价格水平并没有发生什么变化。同时,对这个国家来说,进口变得更有吸引力了,因为升值后的货币使得人们能够在外国更便宜地采购。作为结果,一种货币的升值就会导致出口下降和进口上升。

对于其货币汇率下降的发展中国家,情况正好相反:对这个国家来说,出口变得容易了,因为现在外国由于更有利的汇率能够以便宜的价格购买。同时,发展中国家的进口变得困难了,因为为了购买国外的商品,必须支付更多的本国货币。所以,这些商品对于发展中国家来说实实在在变贵了。因此,一种货币的贬值会导致出口的增加和进口的下降。

汇率的调节机制

这样,汇率在两个国家之间具有调节的作用:工业国的进口越多,对(出口的)发展中国家的货币需求就变得越强,由此,工业国的货币汇率就会重新开始下降。发展中国家出口的增长导致资本的流入,因为,为了采购,外国(指工业国)需要更多的发展中国家的货币。

以这种方式,灵活的汇率不断地变动着,并使得进口和出口达到一种均衡的水平,哪怕两个国家的经济发展速度是不同的。顺便提一下,美国是一个巨额贸易赤字的典型例子。其原因在于,美元被人为地保持在高位,所以,来自中国和其他新兴工业化国家的商品对美国来说变得便宜了。而美元得到强劲支持的原因在于,世界市场上的石油和其他原材料几乎全部都是以美元计价进行交易的。

所以,在灵活的汇率中,涉及一种自行调节的规则,就好比是恒温器,能够调节房间的温度。如果温度下降了,那么恒温器就会打开暖气,温度上升到一个设定的界限,暖气就会被减弱，这样，温度就会被保持在一个稳定的范围内。

像类似的灵活的汇率对一个国家外贸的作用：如果一种货币的汇率提高了，那么，增长的进口，或者说外国的增长的出口就会释放出一种起调节作用的反力。

一种进一步的调节机制是在于灵活的汇率自身：如果一种弱币的汇率下跌，那么这种下跌正好阻止资本逃离这个国家。为了对付货币贬值，在弱国投资的资本拥有者希望尽快将手中的弱国货币兑换成另一种货币。货币贬值对他来说意味着：随着货币的不断贬值，他必须用更多的贬值国家的货币才能兑换一种其他国家的货币。越多的货币在弱国被交换，汇率只会下降得越快。这样一来，兑换货币对他来说就显得越来越无利可图了。这是一个自我调节机制。所以，在灵活的汇率的情况下，不会存在资本外逃，因为对外逃的资本来说，这意味着太大的损失。如果俄罗斯或者阿根廷在货币危机前有灵活的汇率的话，那就不可能会有资本外逃，以及由此产生的重大的损失。仅仅是货币贬值就会使俄国卢布或者说阿根廷比索兑换美元显得越来越贵，由此变得越来越没有吸引力，最后，资本外逃会完全中断。但是,当时的俄国中央银行试图通过投入外汇储备,支撑本国货币,来达到保持卢布对美元汇率的目的。这样一来,使得大资本拥有者能在一个很长的时间内毫无损失地将他们的货币兑换成美元。资本被真正地转移出了国家,一直到国家的外汇储备被挥霍干净。

借助于单位工资成本,灵活的汇率的作用也是很明显的:单位工资成本是一个计量单位,用来表示在一国经济中,为了生产商品,需要投入多少工资成本。如果与另一个国家相比,一个国家表现出上升的单位工资成本,那么其经济最终就会倒退。对于资本投资者来说,与只有微弱单位工资成本增长的国家相比,工资成本迅速提高的国家的吸引力是比较小的。因为,在这样的国家,与工资成本相比,预期利润就会比较低。

在这里,单位工资成本区分为所谓的名义单位工资成本,也就是以各自本国货币表示的金额,和所谓的真实单位工资成本,也就是相对于汇率,以外国货币表示的金额。

为了表示不同国家不同的经济发展,我们必须观察名义的单位工资成本,也就是说要把汇率的影响排除在外。欧洲各国名义单位工资成本的发展是非常有意思的。

如图表 1 清楚地显示的那样,在欧洲,名义单位工资成本的发展是有很大的差异的。在德国,名义单位工资成本保持相对稳定,而在法国,这些成本在 70 年代中期和 80 年代中期都有很大的上升。这项成本在经济弱国如西班牙的发展就显得更加极端了。在西班牙,直到今天,名义单位成本仍然保持毫无减弱的增长势头。这是一个象征,从中我们可以看到,在欧洲内部,国家间的发展有着多大的差异。如果我们将汇率因素包括在单位工资成本中,得

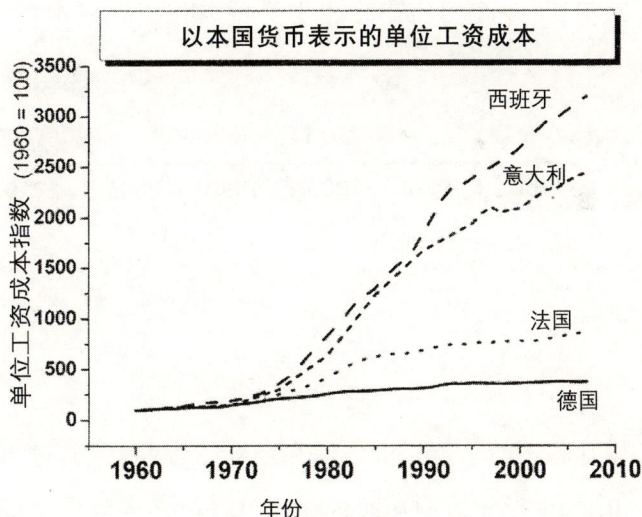

以本国货币表示的单位工资成本

来源:德国联邦劳动和社会部

图表 1:没有考虑汇率的名义单位工资成本

到所谓的真实单位工资成本（图表 2），那就可以清楚地看到，在一个灵活的汇率体系中，这些弱国还是可以找到它们的应对之策的。

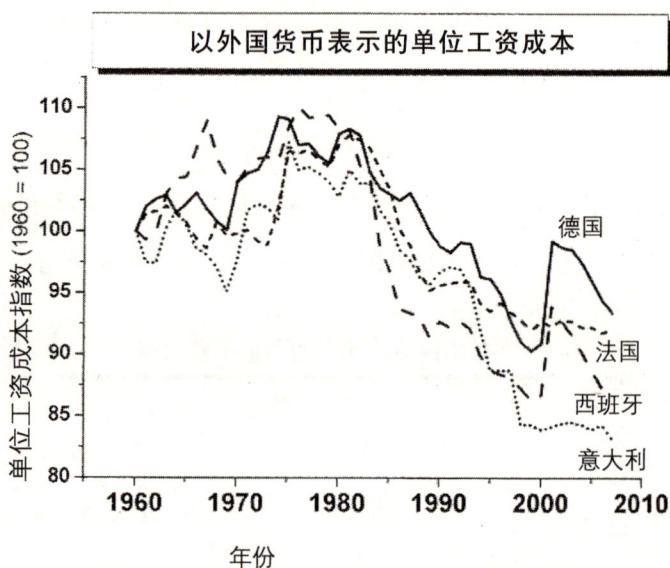

以外国货币表示的单位工资成本

来源：德国联邦劳动和社会部

图表 2：考虑汇率的真实单位工资成本

尽管名义的单位工资成本在不断地提高，但通过不断的货币贬值，那些弱国如西班牙或者意大利能够继续立足于世界市场。通过货币贬值，这些弱国的产品对于外国来说重新变得很便宜，并且非常畅销，从而出口能够被不断地扩大。如果这种调节机制被堵塞的话,情况就会完全不同了。

"人为地稳定汇率是危险的,它能够导致一场总的爆发。"

——汉斯·提特梅耶,

德国联邦银行前行长评论亚洲危机

固定汇率导致危机

固定汇率意味着一个国家固定它的货币与另一种货币的交换比例,并试图通过中央银行干预来捍卫它。一个建立在固定汇率基础上的体系就如同一个定死的恒温器,它不再能够调节屋内的温度。不管周边温度如何变化,它维持一个不变的热量供应。当它向屋内提供的热量正好等于散发的热量时,这个恒温器能保持运转。如果它提供的热量大于或者小于散发的热量时(在夏天或者冬天),这个体系就会由于缺乏调节机制而失去平衡。在夏天,恒温器不会自动关闭,而是会继续供热;与此相反,在冬天,供应的热量太小,屋内太冷。

在一对采取固定汇率的货币伙伴中,出现的情况与此类似:只要所涉及的两个国家以同样的速度继续发展,不存在汇率调整的必要。这时,即使是灵活的汇率也是保持不变的。但是,如果由于一个国家突然表现出更强劲的经济增长、更高的通货膨胀或者更强的资本流入,这种平衡就会被打破,并会导致一系列的不平衡。

经常会错误地把固定汇率同稳定相提并论,但是,在一场货币危机中很快就会证明这是一种谬论。

法国前总统雅各·希拉克大概就是这么认为的,他说我们不能长久地忍受一个不断波动的汇率体系。并且,只要波动的汇率仍然被接受,那么我们就不能期望世界的金融稳定。希拉克在这里忽视的是这样一个事实,即汇率的波动只是各个国家经济发展不平衡的一个显示器。废除这个显示器并不能解决任何问题,反而会使问题进一步地加深。

经验性的研究报告表明,与拥有稳定汇率的国家相比,拥有灵活的、强烈波动的汇率的国家并没有完全不同的经济发展。相反,作为缓冲器的汇率变动,在遇到外来冲击(如重要外国伙伴的高通货膨胀或者经济繁荣)时,能够发挥缓冲的作用。

不同类型的国家之间的固定汇率,或早或迟总是以危机而告终。人们可以把这个过程同一个不能调节空气的气球相比较。它被吹得越来越大,什么时候就会随着一声巨响而爆裂。正是这样,固定汇率体系会导致经济中的越来越多的不平衡,直到发生一场灾难性的崩溃。

"如果人们说我摧毁了一个货币体系,那么这个体系本身就有问题。"

——乔治·索罗斯,投机家

不断增长的紧张关系

固定汇率最初可见的问题是出口和进口之间的不平衡:在我们的例子中,发展中国家越来越远地跟在工业国的经济成就后面跛行,没有采取汇率调整政策。所以,对外国来说,越来越没有理由购买弱国的昂贵的商品。与进口相比,弱国的出口不断下降,从而产生所谓的贸易赤字。这意味着,发展中国家的国民经济必须在外国举债,以便弥补进出口之间的亏空额。这样一来,仅仅是对外国的越来越高的利息负担就已经足以造成发展中国家的不断加剧的紧张局势。

同时，弱国企业在外国的负债也会不断增加，因为，一般来说，在强国的贷款利率会比弱国的贷款利率低。基于固定汇率，也就缺乏了阻止资本转移的调节机制。企业认为由于存在固定汇率，它们什么时候都可以偿还利率优惠的外国债务。但是，如同我们将看到的那样，这只是它们自己的如意算盘而已。

固定汇率的另外一个干扰因素就是开始的资本外流。发展中国家的许多国民不信任本国货币，试图把它兑换为强国的货币（如美元）。一个灵活的汇率会通过本币的贬值来起反作用，而在绑死的汇率模式中，这是不可能的，并且，在这种模式中，中央银行会被迫提高本国的利率水平。而这又会使企业处于更困难的境地，并迫使它更多地接受外国的贷款。

经历了几年的不断增强的不稳定后，财力雄厚的国际投机家们在这个国家看到了绝妙的机会，通过在弱国大量借债，并迅速将其转换为硬通货的方式，他们对固定汇率施加了很大的压力。这就迫使中央银行不断地投入外汇储备,来人为地保持固定汇率的稳定。当然,这只在一个有限的时间内是可能的。一旦外汇储备耗尽了,汇率最终还是得变成可浮动的。可是,这下可不是下跌到一个经济上合适的水平,而是由于恐慌性的资本外逃,使得汇率下降到一个要低得多的水平。投机家们则能够以一个有利

来源:曼雷德·文策尔,科隆,1998 年

漫画 2:危机中的金融百态

得多的汇率来偿还短期的债务,攫取巨额的汇率盈利。而剩给这个国家的则是巨额的外国债务,这些债务必须以数倍于以前的金额被偿还,因为通过危机,本国货币大幅度贬值了。此外,从长远来看,对本国经济的信心被摧毁了,高利率扼杀了各种进一步发展的可能性。一般来说,这种国家就会被列入国际货币基金组织的"救助"清单,也就是说,国际货币基金组织将为其安排新的外国贷款。这样的国家很难再重新立足于世界市场。在这方面,近几年的货币危机给人留下了深刻的印象。

人们经常犯的错误是把货币危机归责于灵活的汇率,可是人们完全忽视了,是由固定汇率而产生的紧张状况导致了货币的崩溃。欧洲中央银行理事会前成员奥特马·伊兴先生甚至于把汇率浮动范围(也就是汇率人为地保持在一定的范围内)称为是对投机者的一种邀请。正是因为英国中央银行必须维持汇率,所以,乔治·索罗斯能够在1992年毫无风险地对英镑进行投机,并在 14 天内赚了100 亿美元。与此相反,在灵活的汇率的情况下,投机者永远没有把握,不知道汇率是否会向反方向变动。可惜奥特马·伊兴没有得出逻辑性的结论,这就是固定汇率和欧元在经济上是没有正当性的,只有灵活的汇率能够最终引向平衡和稳定。

最近几年发生的事件最明显地证明了,是固定汇率,特别是单一货币引起了崩溃。同样很清楚的是,它们表明了一项错误的货币政策能够造成怎样的灾难性后果。

"专家们又如当年那样迅速地做出了判断。他们的大部分认为,这根本不可能是一场新危机的开始。哪怕他们这次是有道理的,人们也不可忘记,在亚洲危机的过程中,他们不得不接二连三地修改自己的论断。最开始说,泰国可不是墨西哥。当泰铢遭受与之前的比索同样的命运时,又声称危机的区域性的传染是非常不可能的,亚洲不是泰国。可是最后,不仅仅是东南亚经济,而且连东北亚经济也陷入了混乱之中。"

——卡尔·科雷策勒,

《德国证券报》,2000 年 8 月 5 日

亚洲危机、俄罗斯危机、巴西和阿根廷危机,以例子说明欧元会是怎么一种结果。

仔细考察近几年的危机,将有益于说明固定汇率,或者说(更糟的是)一种单一货币到底会走向何方。

亚洲危机

1997 年中,亚洲危机以泰国货币的贬值拉开序幕,所有的现象都被官方归咎于这些上升市场错误的和透支的经济发展。而认为它们的体系在总体上来说是没有问题的。但是,危机很快就蔓延开来了。日本的副财长榊原英姿(榊原英姿是日本著名经济学家,1995 年任大藏省国际金融局局长,1997 任大藏省事务次官。因为主管利率、汇率等货币金融政策,强力主张通过干预节制日元汇率,所以被称为"日元先生"。当年在国际金融界影响力不亚于格林斯潘,拥有极高的学术声誉。1999 年退职进入学界。——译者注)在 1999 年就曾警告要警惕国际金融体系的崩溃,这种崩溃会引起经济危机和战争。他指出,单一区域的金融问题会在世界金融体系的崩溃中达到顶点。

危机的发展总是按照同样的模式:最初是本国货币盯住美元,然后是高额负债,最后是被迫的货币贬值。通过固定汇率,这些国家期望一个没有通货膨胀的经济增长。可是,这种做法从一开始就注定是要失败的,处于上升过程的各国的经济发展与美国的经济发展就其速度而言是不同的。如已经指出的那样,在正常情况下,一种自由的汇率会通过货币贬值来调节经济中的紧张状况。可是这种情况由于固定汇率变得不可能了,所以,紧张的局势会不断地升级。

通过固定汇率,外国债务也在不断地扩大,因为外国的贷款利率比国内贷款市场上的利率要低。借款人如同债权人一样毫无顾虑,相信任何时候都可以按一个固定的

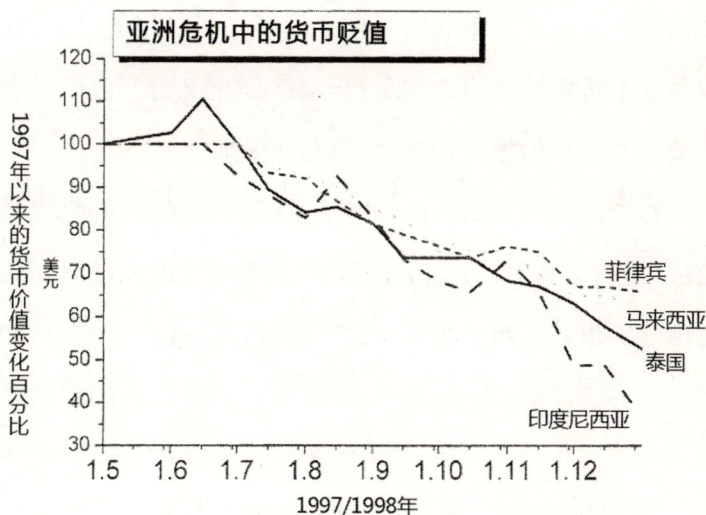

亚洲危机中的货币贬值

1997年以来的货币价值变化百分比

美元

菲律宾
马来西亚
泰国
印度尼西亚

1.5 1.6 1.7 1.8 1.9 1.10 1.11 1.12

1997/1998年

来源:世界报,1998 年 1 月 6 日

图表 3:亚洲危机中的货币贬值

汇率来偿还债务。但是几年后，对汇率的压力剧增，不断增加的关于这些国家偿付能力的谣传销蚀了投资者的信心，资本被恐慌性地撤出这些国家（参见图表3）。

北莱茵－威斯特法伦州中央银行前行长雷姆特·约希姆森（Reimut Jochimsen）教授也解释说，亚洲、俄国和巴西的货币危机很大程度上可以归因于僵硬的汇率调整。通过固定汇率，调整的压力被不断地积聚起来，最后被一下子释放出来。货币危机带来灾难性的后果——巨额的外债现在要以非常不利的汇率来偿还。到一定的时候，这些国家不再能够承担这些负担，最终停止支付。由于投资的缺失和债务的增长，贫困状况在明显地加剧。

在印度尼西亚，由于1999年的亚洲危机造成的货币贬值，使得全国2.02亿国民的2/3滑入贫困线之下。通过国际货币基金组织大规模的"援助"，其外债上升至1500亿美元。安汶岛（Ambon）的情况展示了经济状况是怎样改变人们的生活的。尽管这个岛屿总是被视为宗教和谐的典范，但在货币贬值后，在基督徒和穆斯林之间发生了严重的骚乱。在这种情况下，国家面临分裂的危险。在韩国，由于货币危机，首尔3/4的家庭收入平均下降了32％。

本来的低收入阶层的收入甚至降低了 45％。韩国的工会非常有理由控告国际货币基金组织在亚洲危机中的政策失误。国际货币基金组织的"一揽子援助计划"把韩国推向了高额负债，严格的储蓄要求摧毁了无数的企业，使得上百万的人失去工作岗位。贫困和饥饿的产生是从一开始就注定的。在这个大背景下，油然而生的问题是，国际货币基金组织是如何共同造成和扩大这些危机的。

"如果需要从哪个国家捞取最后一点东西，经理们会把国际货币基金组织推到前面。它的调节方案首先让第三世界供应不足和营养不足的人们的生活水平与银行股东们的盈利要求相适应。"

——《法兰克福评论报》

引人注意的是，在危机开始前几周，国际货币基金组织还分别表扬了这些国家的据称是健康的经济结构。签署了一系列的援助贷款协议，其中的一小部分甚至于已经被支付。可是，在灾难开始后，国际货币基金组织立即终止了已答应的贷款，并要求涉及的国家采取严酷的"整顿方案"。

"几乎所有今天处于严重危机的国家在不久前都还有固定汇率。正是不平衡的国民经济之间的这个连接器为投机活动打开了方便之门。政府无法排除通过货币的汇率表现出来的各国的经济差异。现在确实不是合适的时候,把世界经济塞入一件新的紧身衣。"

——杰弗里·萨克斯教授

巴西危机——一项错误的货币政策造成牺牲品

在这里,事件也是按照其相同的模式来发展的:最初,一直到 90 年代初,这个国家被几个没有能力的政治家通过高通货膨胀所损害。为了在今后能够保持货币的稳定,他们决定创造一种与美元挂钩的新货币——雷亚尔。通货膨胀率确实迅速下降为 1997 年的 4%。可是,为了保持汇率稳定,巴西必须大规模举债。所以,通过引入雷亚尔,从 1994 年到 1998 年,巴西的债务翻了五倍多。在 1997 年亚洲危机期间,当感觉不安全的投资者突然从世界所有的投资领域抽走资金,从而使巴西和其他的新兴工业化国家陷入困境时,利率不得不提高到 30％的平均水平,以阻止资本外逃造成货币崩溃。由此,巴西的经济在 1998 年就缩减了 2.5％。

仅仅是在 1997 年底的货币动荡时,为了支撑雷亚尔,国家不得不在三天之内投入了 90 亿美元。如果这场动荡持续三周的话,整个的 620 亿美元的储备就会消耗殆尽。企业也利用固定汇率在国外取得较有利的贷款,在此期间,构筑了一座高达 1000 亿美元的债务大山。在 1998 年 11 月,国际货币基金组织答应额外提供 400 亿美元的援助贷款。1999 年 1 月初,巴西的第三大联邦声明,希望向联邦政府中断还本付息 90 天。投机家们迅速认识到这个国家的不稳定状况,抽走了大量的资金。由此,对美元的汇率无法维持,货币贬值了 40％以上。如同在俄国一样,这一次,国际货币基金组织也立即终止了所有的进一步支付,并且甚至提出把利率提高到 70％的要求。高利率和不利的汇率几乎使利息负担爆炸了。从长远来看,银行的破产是不可避免的。为了减低投机风险,巴西猛烈地把短期利率提高到了 40％。在这种情况下,不再有什么出路了:如果通过高利率击退了投机者,那么,经济就崩溃了。相反，如果让汇率自由变动，那么，按照不利的汇率，累积在那里的债务就无法操控了，国家以及大部分企业就会破产。可是，如果通过接受国际货币基金组织的贷款阻止了经济危机的话，那只是崩溃的推迟，但它会变得更激烈。因为，通过这种办法，主要的弊病，即债务问题只是进一步增加了，而经济通过所谓的整顿措施被摧毁了。同时，国际货币基金组织的罗斯疗法几乎毁了这个国家——为了得到国际货币基金组织的支持汇率的贷款，巴西必须提交一个"严厉的整顿方案"。政府甚至承认，这个方案一定会产生衰退的作用。通过国际货币基金组织的"援助"，国家债务爆炸性地增长。所以，在 1999 年，国家财政预算赤字攀升到了国民生产总值的 10％，在上一年，这个数据为 8％。而如果没有债务的还本付息的话，巴西肯定应该有 3％的财政盈余。在危机开始不久，一个新的中央银行总裁的突然任命，显示了国际资本被卷入这场危机有多深。阿米尼奥·弗拉加·内托，这位大投机家是乔治·索罗斯的量子基金在拉丁美洲的负责人，迅速地被任命为中央银行总裁。刚刚制造了危机的一方的代表来为解决办法共同工作，这几乎是不可期待的。所以，巴西的反对派也认为这是用人不当。在亚洲危机开始后一年,在巴西危机前几个月,俄国被危机击中。

　　"与国际货币基金组织的约定甚至于计划将俄罗斯国库名下的债券转为中长期美元债权。就好像东南亚的金融危机并没有表明,在货币贬值后(这是卢布也并不能完全排除的情况),外币的贷款更能够把一个国家带入无力偿付的境地。"

——《新苏黎世报》,1998 年 7 月 15 日

——俄国金融危机前四周

俄罗斯——处于深渊边缘的世界大国

　　1998 年的俄罗斯金融危机是一个特殊的例子,可用来说明危机是如何发展的,以及它将会有怎样严重的后果。在当前的萧条过程中,在俄罗斯正好又出现一个新的危险的苗头。所以,观察和分析上次危机的过程是一件很有意思的事:在 1998 年 5 月,当时的俄罗斯总理谢尔盖·基里延科就曾对国民提出许多的限制,并颁布了一系列不受欢迎的决定。后来证明,这些措施是灾难性的。尽管亚洲危

机已经表明固定汇率是不能运转的,国际金融机构们在1997年的秋天仍然致力于在东欧,特别是在俄罗斯重新将其货币与美元相捆绑。在1998年夏天,俄罗斯还被国际货币基金组织誉为进步的国家,它坚持不懈地从共产主义迈向资本主义。货币贬值的危险被长期低估。在货币开始贬值的前几天,俄罗斯总统鲍里斯·叶利钦还断然排除了这种可能性:"显然,不会有卢布的贬值。就是这样,这是我的工作,并且处于我的控制之下。"当时的俄罗斯总理叶夫根尼·普里马科夫在1998年9月金融危机爆发后表示,俄国永远不会破产。西方的专家们也绝对排除俄国无力偿还的可能性。然后,很快的,乔治·索罗斯在《金融时报》上的一封读者来信真正引发了卢布的贬值。在这封信中,投机家索罗斯要求卢布贬值。国际货币基金组织立即中止了之前答应的援助贷款,由此,又加剧了货币的贬值。不幸的是,在1998年7月底,在国际货币基金组织的支持下,以卢布记账的短期债券被转换成了以美元记账的中长期债券。实际利率约为15%。由此,在汇率贬值后,俄罗斯无力偿还因卢布汇率贬值而大幅升值的债务。随着局势的进一步发展,俄罗斯的生活用品的进口(食品供应的

70％)在 1998 年 9 月缩减到了 1/6。

危机之后,在一个繁荣的世界经济中,通过原材料出口的增长,俄罗斯虽然在一定的时期里重新取得了稳定,但在 2008 年的银行危机的过程中,俄罗斯经济重又崩塌。加之原材料价格重又下跌,这一切使得国家无法满足支付的需要。

可惜全球的政治家们从这场货币危机中没有学到什么。虽然经济发展水平不同的国家之间的固定汇率肯定会造成不平衡,在最近几年中,他们同样在一系列的国家中导入固定汇率。这样,波兰兹罗提与欧元和美元的捆绑在 90 年代造成了波兰巨额的贸易赤字。1995 年这个国家还有盈余,而到 1999 年,其赤字几乎达到了波兰国民生产总值的 8％。在 2004 年加入欧盟之后,其赤字还始终有 246 亿欧元。一个这样的贸易赤字会重新导致外债的提高,最后会导致一场货币危机。

如前面的例子清楚地表明,不同类型的固定汇率最后必然以货币危机而告终。遗憾的是,那些权威人士们始终还没有从中吸取关键的教训,反而强烈地维护导向欧元的官方路线。这一切在他们的货币危机解决办法的忠告中显得非常清楚。

"如果所有国家的货币都相互连接的话，我们大家就都坐在陷阱里了。没有人能够实施他自己的货币政策。为了捍卫货币不至于贬值，我们不得不使利率盘旋上升到令人头晕目眩的高度。由此，我们将扼杀所有经济增长，并将越来越多的人推向痛苦和苦难。"

——杰弗里·萨克斯教授，美国哈佛大学

无能的专家建议

一再让人感到惊讶的是，关于危机解决方案的建议是多么的五花八门和毫无意义。在上面描述的亚洲危机、巴西危机和俄罗斯危机中都是这样。在俄国，莫斯科经济研究所的著名经济学专家奥勒科·伯哥莫诺夫教授曾在1998年建议，在俄国引入一种并行的货币，这种货币应该完全以黄金做保证。然后，这种货币应该驱逐俄国卢布。他把20年代以黄金保证的货币作为样板。可是他忘了，恰恰是货币的黄金保证导致了30年代的世界经济大危机。比如说，如果俄罗斯因为某种原因不得不出售手中的黄金的话,那它就必须以同样的规模回收货币。其后果就是一场大规模的通货紧缩,伴随着一场比今日还要严重的经济危机。

对于巴西危机,美国麻省理工学院有名望的鲁迪·道布斯教授建议创建一个"货币平台",在这个平台上,所有本国的货币都应完全由寄存在英国中央银行的美元来保证。道布斯期望通过这个货币平台来阻止汇率的混乱。但是,以这样一个货币平台,危机后的巴西就失去了对本国货币的任何影响。为了维持货币的美元保证,必须大量借入美元。巴西政府和中央银行的唯一任务就是为借入的美元支付高额的利息。另外一个例子是保加利亚。保加利亚在 1997 年引入了这样的一个货币平台,其结果是:经济的发展受制于流入国内的硬通货的规模。同时,对外贸易下降了 30％,外债迅速增加。2007 年加入欧盟后,问题并没有什么改变。债台高筑,这在未来几乎必将导致一场严重的危机。

以固定汇率走向世界危机?

最成问题的肯定是创建一个重要货币之间具有固定

73

汇率的世界货币体系,如前德国财政部长奥斯卡·拉方丹和他的日本同事宫泽喜一所建议的那样。而当诺贝尔奖获得者、加拿大人罗伯特·蒙代尔也同样倡议建立美元、欧元和日元汇率的相互联动的机制时,就清楚地显示了,除政治家以外,经济学家们也都不曾从以往的危机中学到任何东西。在这种联动机制中,通过与美元的捆绑,欧元将实现稳定。其结果应该是"一种类型的世界货币",再加上刚刚为危机做了"贡献"的固定汇率。以这样一种世界货币体系,世界货币危机只是一个时间问题。如德意志银行的研究报告所指出的那样,全球的总数超过 1.5 万亿美元的外汇交易几乎等于所有国家中央银行外汇储备的总和。所以,这种"稳定措施"的可操作性和可信性就特别有限。最大的危险表现为参与国独立的货币政策的丧失。因为当经济景气的发展各不相同时,这种机制下的汇率和价格水平稳定是不可能的。联邦中央银行的成员法朗茨·克里斯托弗·蔡特勒也曾正确地警告人们要警惕这种所谓的稳定措施。他强调指出,金融市场可以尝试提出对固定汇率进行试验,但这是要付出很大的代价的。在投入了大量的外汇储备后,固定汇率还是必须要被解除或者说被调整的。所以，绝大部分汇率约定的结果是给"投机活动发放奖金"。他进一步指出，如果说这样的约定没有完全废除稳定的货币政策的行动能力的话，那至少也使它受到了限制。可惜的是他从这种认识中没有得出逻辑性的结论，那么实现固定汇率的欧元，特别是作为一种完全的单一货币的欧元也是一种不可行的东西。

"在阿根廷，这个问题获得了特别的分量。因为，阿根廷比索的汇率是根据法律与美元相连接的。每当美国的利率上升时，为了使外国资本不至于流向美国，阿根廷的中央银行不得不将它的利率提得更高。由此，使得衰退更加恶化。实现灵活的汇率的国家对于外部的动乱是具有更好的'装备'的。"

——《德国金融时报》，2000 年 6 月 27 日

阿根廷——一项错误的货币政策引起灾难

在阿根廷，在 2001 年货币危机之后，专家们、政府和反对派甚至于想尽快地完全废除本国货币，并将美元引入作为支付手段。据称，由此可以完全排除货币动荡。这里

的错误信念是,假设了如果没有自己的货币那也就没有汇率波动,也就不存在货币危机。实际上,在这种情况下,通过废除本国货币,人们也废除了即使在经济困难时仍然把资本保持在国内的各种调节机制。在一个灵活的汇率下,或者在一个被解除约束的前固定汇率下,货币的贬值会阻止过度的资本外流。可是,如果一种外币被引入国内,那么就缺失了这种调节。在经济出现紧张局势时,资本就会立即流回比较安全的外币的来源国,在这里就是美国。正是这样,投资不是从美国流向阿根廷,而是相反,资金离开阿根廷,在美洲的单位工资成本比较低的而利润比较高的地方投资。国家彻底地失血,没有任何的可能来阻止生活水平的下降。所以,这样接受美元作为支付手段的后果是灾难性的。因为阿根廷的经济比美国的经济发展要慢,所以,资本会被抽离。大规模的贫困是其结果。而且这项措施一旦实施,就是开弓没有回头箭。

恰恰是对美元的固定汇率是阿根廷危机爆发的决定性原因。

如果阿根廷及时地彻底放弃本国货币与美元的捆绑,那将是最明智的。可是,这个国家已经完全处于陷阱之中,因为企业 90％的债务是以美元计算的。美国华盛顿霍普金斯大学的从事阿根廷研究的教授也曾说,阿根廷的主要问题是比索死死盯住美元,因为这种做法扼杀了出口,并且阻止了货币政策的任何自主性。在放开汇率时,大部分企业由于他们在国外的巨额美元债务立即就会破产。

阿根廷的国民将他们储蓄的 70％以美元的方式存放,这清楚地表明,在一种固定的汇率捆绑中,资本的外逃是如何强烈。在这种情况下,政府对本国货币失去了任何的控制,当发生银行破产时,中央银行根本没有干预的可能性。在与美元捆绑的情况下,人为地维持在高位的汇率使得出口急剧下降。当 2000 年底,通过债券对债务进行再融资不再能得到保障时,发生了严重的危机。阿根廷被迫在两年的时间内接受国际货币基金组织 350 亿美元的贷款,并承诺实施进一步的约束性的节约措施。国际货币基金组织的要求又是从一开始就妨碍了各种进一步的发展,使得阿根廷没有可能卸去它的债务负担。

政治领域是如何同经济领域紧密相连系的,这在下面的这件事例中可见一斑:2001 年 3 月,恰恰是阿根廷固定汇率的创始人,所以也是各种问题的始作俑者,多明戈·

卡瓦罗被任命为政府的新的经济部长。作为解决各种弊端的办法，这位新部长立即递交了一份十分严酷的节约方案，而这导致了社会动荡。为了能够在没有民主监督的情况下推行自己的决定，多明戈·卡瓦罗要求拥有广泛的处置问题的全权。经历了几个月内数届政府更替的动荡岁月后，阿根廷重新稳定下来。然后，由于旧的没有解决的问题，又被卷入 2008 年金融危机的旋涡。在 2009 年初，世界上的任何国家都没有像阿根廷那样，有这么大的无力偿付存款货币的风险。如果说，在德国，1 万美元的存款只需要提取 59 美元作为存款准备金的话，在阿根廷，这个数目不可思议地高达 3362 美元。

我们可以清楚地看到，一项错误的货币政策造成了多么巨大和长久的问题。通常，由此造成的损害不得不由几代人来承担。

在讨论汇率时经常被忘记的是这样一个事实，即灵活的汇率引向一个平衡的贸易收支，也就是进口和出口相互平衡，而固定汇率肯定会导致不断增长的贸易赤字，并由此引起紧张的局面。

"希腊色萨利的经济政策教授安杰洛斯·科蒂沃斯强调指出：整个的货币危机都应该归因于政策的失误。一切都发生在固定汇率体系之中。"

——《法兰克福汇报》，1999 年 4 月 12 日

战争和错误的货币政策

只有在给予和索取，也就是进口和出口平衡时，才会有长久的和平。只要一个国家（比如德国）有出口盈余，另一个国家就不得不有出口的赤字，以及由此引起的资本赤字。长此以往，就会产生有损于和平的紧张局势。

首先是贸易收支赤字的国家会日益陷入困境，因为，进口和出口之间的差异只有借助于不断增长的国外贷款才能加以弥补。可是，这种贷款是同高昂的利息负担相联系的，从长远来看，这种利息负担肯定会损害这些国家。同时，随着国外贷款的增加，就失去了重新放开汇率的可能性，因为这将严重地削弱本国货币，并相应地使债务升值。所以，伴随着固定汇率，这个国家不断地滑向更深的窘迫之谷，如果不冒着银行破产的风险的话，几乎没有可能来纠正犯下的错误，这正如我们在阿根廷的例子中所看

到的那样。由此,这个国家处在日益增加的压力之下,要不顾一切地扩大它的出口。而这又只有通过激进的价格政策,也就是倾销价格才有所可能。但是,这样一来,其他的国家又落入了同样的陷阱,所以,在世界市场上就展开了一场毁灭性的竞争。在过去,这种竞争最终也是经常以军事手段一决胜负的。

来源:曼雷德·文策尔,科隆,1999 年

漫画 3:如果一个盲人引导另一个盲人,

那么两人会一起掉入陷阱

与此相反,平衡的贸易收支总是产生于自由的汇率结构:比如说,一国的进口增加了,汇率自然就会做出本币贬值的反应。而这个国家的商品对外国来说就变得便宜了,就促进了它的出口,妨碍了它的进口(因为国外的商品变贵了),直到进出口重新平衡。在生产水平参差不齐的欧洲,欧元的引入阻碍了各国国家间的各种平衡,并由此造成富裕区域和贫困区域。

汇率的任务就是平衡各个国家之间的不同的生产率,从而使得强国和弱国都能保持经济稳定。同时,贸易收支也将保持平衡。此外,通过汇率的迅速调整,还使得过度的资本外流能够被阻止。而创立一个如欧元那样的固定的汇率体系,则显示出对经济的不良后果。

第六章

欧元——欧洲的没落

"对企业来说，现在在汇率变动中暴露出来的、如此频繁地被抱怨的调整压力，在货币联盟中仍然是不可避免的。只是在货币联盟中，它不再表现在汇率的变动中，而是反映在工资—价格关系的变动或者就业状况的变动之中。"

——德国储蓄者保护协会，1997 年 11 月 12 日

　　比固定汇率更进一步的是在一个国家引入一种国外的货币，或者用一种单一货币来取代本国的支付手段，如欧元所表示的那样。人们指望这样一种共同的货币能带来稳定，因为不再存在汇率，所以也就不再会有波动。在这里被忘记的是，当不同国家之间的基本参数，如经济增

长或者价格水平发生变动时,汇率变动只是起一个调节工具的作用。如在前面讨论灵活的汇率的章节中指出的那样,这个"汇率缓冲器"平衡各种不同的经济发展。如果这个缓冲器通过汇率的固定,或者更糟的是通过引入一个外国货币,或者更准确地说一个单一货币而被废除的话,那么各国的经济发展就不可能被平衡,相反,会逐渐形成紧张和不平衡的局面。单一货币是固定汇率系统的更加严厉的模式:在捆绑汇率的情况下,在经历了痛苦的危机后,至少在什么时候这种固定汇率还可以放开。与此相反,在欧元的情况下,这就是不再可能了。为了使一种单一货币能够真正运转,必须要保证这种固定的汇率在参与的国家之间长期不出现什么问题。但这是根本不可能的,欧元的先驱,即欧洲货币单位的固定汇率体系已经清楚地表明了这一点:欧洲货币单位本来应该是确保固定汇率(在一个很狭窄的波段变动),可是,经常性的调整已经表明了,这个体系是不可运转的。从 1979 年引入欧洲货币体系到 1997 年,汇率总共调整了 22 次。为了避免紧张局面的尖锐化,这个体系实际上每年都做调整,以适应不同国家间变动了的关系。可是,甚至这个僵硬的体系也不能运转。

在 1992 年，投机家索罗斯抛售意大利里拉和英国英镑，彻底打碎了这个体系。即使是巨额的支持资金，也不能拯救这个疲弱的体系坍塌。1992 年，英国政府虽然动用了 500亿美元来进行干预，汇率还是没有能够保持在规定的浮动范围内。

英国一退出欧洲货币体系，国家的经济就复苏了，这是自由汇率效率的一个明证。1992 年 9 月 16 日，这个退出欧洲货币体系的日子，现在在英国不再被称为"黑色星期三"，而是被称为"白色星期三"，被视为是从欧洲货币枷锁中解放出来。英镑 15％～20％的高估扼杀了英国的出口，使国家遭受了一场经济危机，这在灵活的汇率的情况下是肯定不会出现的。最强的和最弱的国家之间汇率的名义变动清楚地表明了欧洲的这种经济不平衡是多么的巨大。在四年当中，这种变动超过了 43％。在一个货币联盟中，这样的不均一发展是不可想象的，因为不平衡不断地增大，并会引向严重的危机。

"事实是，欧元的引入导致了欧元成员国经济政策和货币政策之间持续的结构性破裂，而这原本是处于一种和谐关系之中的。因为,在不同的国家之间,作为维持或者重建本国经济的价格竞争能力的缓冲器的汇率被取消了。由此,以本国货币对他国货币名义贬值为特征的汇率政策最终成了历史,而这在不久前是南欧国家如意大利和西班牙特别优先采取的政策……德国联邦银行的经济学家们在一份最新的研究报告中这样写道。……并且,这份报告进一步地指出,现在,价格竞争能力的转移越来越反映在企业的市场份额的变化之中,并同时作用于就业市场。"

——《德国证券报》,2000 年 2 月 9 日

不稳定的欧元导致欧洲危险的紧张局势

通过欧元,汇率被取消了。在欧元赞同者对货币内在关系的无知中,这一点经常被描述为"稳定"。如维尔茨堡的国民经济学教授彼得·伯芬格就说,在 1990 年和 1995 年间,美元贬值了 50%,这证明了灵活的汇率机制的缺陷。所以,按照他的观点,欧元的引入是正确的步伐,因为由此消除了汇率。当然,教授先生忘记说了,汇率只是一种调节机制,它可以相对来说较少痛苦地平衡国民经济之间不同的发展。如果取消了这种汇率缓冲器,就会逐渐构筑起

各国之间的紧张局势,欧元就是对此的一个最好的证明。

特别是经济发展较弱的地区就会陷入困境之中,因为它们不再能够通过本国货币的贬值来保持它们在世界市场的地位。在意大利的例子中,我们可以清楚地看到欧元对经济的冲击。以前,意大利可以通过里拉的贬值来确保它在国际竞争中的地位,但现在,在欧元体系下,它相对于其他强国不再具有什么优势。所以,意大利的政治家已经表示,如果需要,意大利将脱离货币联盟。经济合作与发展组织(OECD)的数据表明,在欧元引入前四年中,意大利的生产率只提高了8.8%,而在其他的欧洲国家,生产率平均上升了18.2%,在德国甚至于上升了25.9%。因为欧元引入后货币贬值不再可能,意大利不断失去它在世界市场的竞争能力。西班牙的情况与此类似。西班牙的经常账户赤字清楚地表明了这一点:西班牙的经常账户赤字从1998年的13亿欧元上升到了1999年的116亿多欧元,几乎一下子翻了10倍,由此,国家的外债规模也相应地迅速扩大。

随着时间的推移,这种发展状况还在不断地恶化:在2005年,西班牙的外债净额达到了国内生产总值(BIP)的

8％,超过了比例为 7％的纪录保持者美国。

在欧元引入之前,尽管采取了多年的和谐政策,欧洲内部的结构性差异仍然还不能消除。汉堡经济研究所(HWWA)已经确定,欧盟国家间的差异没有缩小。它们的价格发展的差异变得越来越大了。这种差异归因于欧元国家之间的巨大的实体经济的差异。通过灵活的汇率,平衡这种生产率的差异应该是毫无问题的。

鉴于欧洲的价格的不断上涨,州中央银行行长法朗茨·克里斯托弗·蔡特勒警告大家注意相互不一致的通货膨胀所带来的后果。2000 年 10 月欧洲各国的通货膨胀率各不相同,从法国和奥地利的 2.1％,到德国的 2.4％和西班牙的 4％,一直到爱尔兰的 6％。蔡特勒指出,欧洲中央银行的货币政策的目标是保持欧元区总体的价格稳定。但是,对单个的国家或者说经济区来说,只有当它们各自的经济发展,特别是价格发展的基本数据与整个欧元区相一致时,才会觉得欧洲中央银行的货币政策是适宜的。在欧元区,特别是工资成本的发展相当不一致。从 1997 年以来,只有德国基本保持了整体经济的单位工资成本的稳定(－0.6％),而部分国家却表现为 10％以上的增长。那些在横向比较中始终具有较高单位工资成本增长率和通货膨胀率的欧洲货币联盟国家会遇到严重的问题。本国货币的一个非暂时的真正的升值,在一个统一的货币区域内就会导致价格竞争能力的丧失。对此,州中央银行行长蔡特勒先生证实说,在欧元联盟中存在着非常明显的不平衡,这种不平衡通过通货膨胀和单位工资成本的差异不可避免地将固定汇率置于困难的境地。

甚至于欧洲中央银行在 2000 年也承认,欧元区国家之间的通货膨胀率的差异在增强,并且,从 1997 年以来,货币联盟国家之间的通货膨胀的落差在扩大。当然,其责任又被归咎于各个政府,因为据称欧洲中央银行对欧元区的通货膨胀落差是不能施加影响的。

房地产泡沫和欧元

当在许多国家开始形成房地产泡沫时,在欧洲,它已经是爆炸性的。首先是西班牙处于领先地位。在 2008 年,西班牙建造的房屋比德国、法国和意大利相加之和还要大。这么巨大的投资,很大一部分是通过流入西班牙的黑钱来提供资金的。在引入欧元时,西班牙配备了 1300

万的 500 欧元面值的纸币。仅仅五年中,通过其余欧洲国家货币的流入,这个数字几乎增长了 9 倍。1/4 以上的 500 元面值的欧元积聚在西班牙,构成西班牙货币总额的 67%。这里发生的实际上是每个经济学者都必须知道的事情:在欧洲,开始了不断增长的资本转移。当 2008 年在西班牙开始发生房地产危机时,这些资本重新在那里消失,其结果是一场经济危机。

在自由和民族的货币体系下,这些差异和过剩都是能够通过一个汇率缓冲器来平衡和阻止的。

在欧元引入不久,在欧盟就发生了日益增长的不稳定现象,对此,决策者们也肯定是知道的。

据伦敦的《泰晤士报》报道,欧元作为记账货币创立半年后,欧盟的部长们就已经得到一个秘密的研究报告。根据这份报告,欧元工程陷入严重的危险。它指出,各国上升的财政赤字会成为单一货币的"死亡威胁"。在欧元引入之前,当时的瑞士中央银行行长汉斯·迈耶就公开宣称,对他来说,欧元并没有重大意义。他正确地指出,欧洲的实现固定汇率的国家,其灵活性受到损害。在这方面首先只能通过就业市场来进行补偿。由此,产生了许多非经济的,或者说是社会的问题。

尽管存在这些明显的不断增长的不平衡,当时的欧洲中央银行行长维姆·杜伊森贝赫还是声称,欧元的引入提高了欧洲金融市场的稳定性。货币联盟的准备和它的引入为通货膨胀预期提供了一个坚实的基点,同时,也明确了欧元国家在稳定方面的职责和义务。内部货币风险的消除以及一个更加一体化的和更具流动性的金融市场的创立,有助于各国市场的稳定。但实际情况正好与此相反:共同货币导致了巨大的不稳定,这些不稳定不再能够通过汇率缓冲器来得到平衡。

当2008年银行危机不同程度地袭击欧元区国家时,正好展示了这一点。即使是欧元的支持者、享有盛誉的比利时经济学家保罗·德·格劳威也承认,欧洲各国的发展一如既往地处于不平衡状态:"德国和奥地利的发展速度在明显加快,意大利、西班牙和希腊变得更糟了。这造成许多长期的问题。以前的话,一个像意大利这样的国家就会对本国货币实现贬值了,但现在不行了。现在,它必须去做难办的事情。"

由于货币贬值变成了不可能,这些国家从现在起只能缩减工资："可是，如果这是剩下的重新获得竞争能力的唯一机制，那么，欧元区就会有大问题。"格劳威这样继续说道。

同样，他还指出，没有政治联盟，一个货币联盟是不能存在的："如果欧洲不着手建立一个政治联盟，那么，欧元就会受到威胁。它不会消失，但是，有些国家将会退出欧元联盟。必须清楚地告诉大家：如果你不想要政治联盟，那么你就长久地忘记欧元吧。"

但是，在引入欧元时，从未提及欧元和政治联盟的这种关系。如同我们在后面还将看到的那样，这样一个政治联盟必然导致一个非民主的、从布鲁塞尔进行统治的中央集权国家。在这中间，每个单一的国家仅仅只是执行机构而已。

在关于欧洲单一货币的讨论中，美元以及作为大货币区的美国经常被引证，用来表明一些虚假的好处。事实上，美元恰恰是一个绝好的例证，说明一种单一货币对于结构不同的区域来说只能糟糕地运转，或者根本不能运转。

美国——通过共同货币引起的紧张局势

下面的数据显示了美国各州的发展速度是如何的不同：美国的新墨西哥州、亚利桑那州、内华达州和爱荷华州平均的增长率为 9％～12％，而夏威夷和阿拉斯加则显示出经济的收缩。考虑到在辽阔的北美大陆上存在着非常不同的气候区，以及与此相关的经济结构，这一切就不足为奇了。有的州以农业为主，而有的州则是以工业为主。一项共同的货币政策不可能同时对所有地区都是适合的，从而就会产生紧张的局势，这表现为区域性的衰退和与之相关的失业。只有通过劳动力的来回转移，才能够勉强弥补这些差异。这当然同样适用于欧洲。对于许多人来说，意味着他们永远无法为自己建立起物质的生活条件，注定要不断地追逐着变换的经济繁荣区域，在大陆上来回奔波。强国会被移民浪潮所淹没，而这会给工资水平产生明显的压力。由于移民国家的不同的语言和文化，这种迁移活动在欧洲远没有像在美国那样被接受。排外和动乱会经常发生。

诺贝尔经济学奖获得者米尔顿·弗里德曼在 1997 年

就曾描述过类似的问题：在美国，各州之间的不同的经济发展速度必须通过劳动力的迁移来得到平衡。这在美国是勉强可行的，因为存在着这样的社会环境，如共同的语言和文化等，而在欧洲，由于语言和文化障碍，情况就不同了。在欧洲，弗里德曼在直到当时还存在的灵活的汇率中看到一种特别有效的平衡机制，并且担心通过欧元的引入会引起增强的紧张局势。

美国的这种紧张局势，在 2008 年以极其糟糕的方式开始的经济危机中得到了进一步的加强。所以，俄罗斯专家伊戈·潘纳林假定了美国的瓦解：根据他的预测，美国将瓦解成 6 部分：①以不断增长的中国人为主的太平洋西海岸；②以说西班牙语的居民为主的南部；③独立运动不断增强的得克萨斯；④代表完全不同的人群和特性的大西洋海岸，它也有可能瓦解为两部分；⑤五个贫穷的中部联邦州；⑥受加拿大人影响的北部。

在欧元方面，看起来情况并没有更好一些，在欧元区，不断增长的紧张局面也将导致其分裂。

现在，通过欧元进行区域性的价格调整就已经不再可能，而是必须按照欧元区整体的情况来进行平衡。在 2000

年,电器组件行业协会就曾抱怨,对当地价格的适应变得越来越不可能了,现在,在经济力量强的和弱的国家之间已经没有什么价格落差。价格压力在不断地上升,必须通过进一步的优化措施才能加以平衡。以前,每个经济区有自己的、通过各自的汇率加以调整的价格,现在,这些价格差异都被欧元结算单位强行抹平了。由此,经济结构弱的地区就会变得更穷。生产率的差异不是无痛苦地通过汇率来得到平衡,而是以整个地区完全失去竞争力的方式来发挥着它的作用,这一切又是与失业和贫困联系在一起的。为了阻止经济实力弱的地区发展水平的进一步下降,经济实力强的地区的转移性支付款项就是必须的了。

"德国的货币联盟显示了,如果这条规则(汇率的取消最终会导致工资的下降)被蔑视的话会产生什么样的扭曲。一个转移支付体系变成必不可少,对于欧洲来说,这个体系具有巨大的爆炸力。"

——鲁茨·霍夫曼,

德国经济研究所(DIW)前所长

欧元引起的转移支付负担

在经济实力强的国家,用较少的货币资本就能生产出较多的产品,这意味着投入的资本具有较高的利润。在经济实力弱的国家,由于资本的外逃产生了大量的贫困、不满和动乱。为了防止产生绝对的贫困,从强国(首先是德国)向弱国(西班牙、葡萄牙、意大利、希腊和比利时)的转移支付款项就变成了一种必须。估计对这种援助资金的期望也是生产率低的国家们快速推进欧洲统一货币的主要原因。然而,在转移支付款项方面,争吵是一开始就料到的:谁应该支付多少,以及谁将得到多少款项呢?对支付者来说款项总是太多了,而对受惠者来说总是太少了。这就是人们说的社会主义!最后,存在着一切都毁灭于暴力冲突的巨大危险,就像我们在南斯拉夫所看到的那样。投机家和亿万富翁乔治·索罗斯曾经警告说,如果在《马斯特里赫条约》约束下产生的失业不能被克服的话,按照法国人对暴动的偏爱,在法国有可能发生骚乱。同样,美国的经济学家和货币专家鲁迪·道布斯也看到了这种危险。鲁迪·道布斯教授曾把欧洲单一货币描述为"欧元幻想"。在 1996 年，他就看到了巨大的经济衰退的风险，以及与此相联系的政治动荡的危险。瑞士中央银行的局长乔治·里希先生也持有同样的观点。他看到的欧元的主要弊端是，欧洲中央银行必须按照欧洲整体情况来行事，而不能考虑每个具有很大区别的地区的具体情况。由此，欧元不仅损害经济实力强的国家，因为它们必须通过不断的资金转移支付来支持弱者，而且也损害了生产率低的弱国，因为它们由此陷入了对强国的依赖之中。除移民浪潮以外，必须由经济强国筹措的转移支付款项进一步地刺激了国家之间的侵略性。如何才能够使国民理解，为了要支持在欧洲的经济弱国，现在他们应该放弃他们的收入？就是在德国内部，转移支付负担已经在各州之间引起了日益严重的意见分歧，在欧盟中，这种情况绝不会更好些。

转移支付负担带来争论——德国各州的财政平衡

日益尖锐的关于德国各州间财政平衡的争论是一个进一步的例证，它说明一个转移联盟从长期来看会引向冲突。为了避免经济落后的东德和北德各州的贫困化，必须由南德和西德各州对其给予财政支持。德国各州失业率的发布情况清楚地显示了各州生产能力的差异：在东德，失业率居于15％的高位，在北德，失业率处于10％～15％的中间地带，而南德的失业率则在10％以下。这组数据反映了这三个地区的生产能力。

通过一种共同的货币，资金被优先投资在利润高的德国南部和西部各州，这样一来，尽管有各州的财政平衡支付，其他地区的失业率还是比较高。事实上，从这个意义上来说，德国各州是相当参差不齐的：德国储蓄者保护协会指出，在欧元引入以前，德国的失业率从巴伐利亚州的6.3％到萨克斯—安哈尔特州的19.4％高低不等，收入水平的差异也相当明显，这是德国生产率差异的一个清楚的象征。在这里，只有通过州的财政平衡才能维持一种共同的货币。但有的州必须交出它们税收的80％用于州财政平衡。不奇怪，各种争论会愈演愈烈。

从经济的角度，可以考虑在德国设立三个相互具有自由汇率的货币区：南部德国、北部德国和东部德国。在其他国家的内部，如意大利、比利时或者美国，有些地方的地区差异还要更大。在这些国家，也有必要设立多个货币区。在欧洲货币体系中，国家之间的紧张局势已经非常之大,以至于很多国家由于固定汇率陷入了经济困境。诺贝尔经济学奖获得者米尔顿·弗里德曼正确地指出,在过去40年中,在欧洲,只有那些挣脱了固定汇率体系的国家避免了高失业的局面。在目前的这种状况下,怎么能形成一个和平的欧洲呢？没有吸取教训,没有认识到不同发展水平的地区之间的自由汇率是多么有价值和意义,反而把共同货币工程"如计划的那样扩展到了整个欧洲"。必须要提出的问题是:对欧洲来说,如果引入多个货币区,而不是推行阻碍各个市场经济自行调整的单一货币,不是会更好一些吗？比如说,在意大利,存在着一个很大的南北经济落差。国家财政支出(转移支付款项占其很大的份额)和国民收入之间的比例在南部为70％。与此同时,在南部的消费和投资超过国民收入的15％以上。如果两个地区有自己的货币的话,高昂的平衡付款就没有必要了。同样在英国,共同的货币政策既不适合经济落后的北部地区,也不适合实力较强的南部地区。到最后,两个地区都陷入困难的境地。最近几年发生的事件再次证明了,在一个弱国引入一种强币只会导致崩溃。

　　"对于欧洲的大部分地区来说，已经是不再可能通过汇率贬值来从使自己从经济的弱增长阶段得到解放。"

——保罗·沃尔克，美国中央银行前行长

崩溃——单一货币无法运转

　　有很多国家以灾难性的方式为自己的经济区域接受了外来货币。通过这些国家的情况，我们可以使自己了解到欧元的后果将会是什么。在这些国家，人们在做这样的决定时，根本没有重视一个规则，即每种货币只能是适应某个相应的经济区域的。如果一种强币被引入一个弱国，那么，它绝不能使这个国家强壮，反而由于资本的外流会导致经济的破产。

　　此外，这样的一种货币的引入，如欧元在欧洲的引入，几乎是不再可以逆转的，而固定汇率与此不同，通过废除固定汇率，在付出巨大牺牲的情况下，其错误至少部分是可以得到纠正的。无休止的科索沃冲突向我们展示，欧元之船到底会驶向何处。

巴尔干半岛上永远的战争

在一个经济贫弱的国家引入一种强币所带来的不良后果在科索沃得到了表现：在引入德国马克，以及后来的欧元作为正式的货币后，联合国科索沃特派团的副首长汤姆·科尼希斯不得不宣布，在科索沃没有现存的货币了。他说，需要 4 吨小额和中等面额的现钞，这些现钞必须发放到科索沃约 60 万人民的手中，这样才能给这个地区带来购买力。欧元要么被囤积起来，要么流回生产力较高的德国。所以，在科索沃没有了交换媒介。形势日益恶化，因为发生了由资本外流引起的持续的衰退，通过经济复苏来平息局势的可能性被排除，所以，在可预见的未来，科索沃还会保持战争状态。

除科索沃以外，黑山也是先引入了德国马克，然后引入欧元作为第二种官方货币。根据经济学教授克劳斯－迪克·汉克的说法，这个国家无法负担自己的货币，因为它的外汇储备太少了。这种说法源于对货币到底是什么这个问题的错误认识。一种货币的价值根本不是通过什么外汇储备来衡量的，而是最终取决于国民的效率，所以，原则上来说，外汇储备完全是不必要的。在 2000 年底，先是德国马克，后来是欧元被作为唯一的支付手段引入黑山。如同之前在波斯尼亚—黑塞哥维那和科索沃一样，欧元驱逐了本国货币。克罗地亚的中央银行也已经宣布，想把欧元作为第二种支付手段引入克罗地亚。由资本外流产生的后果，以及由此引起的、会使整个巴尔干处于不稳定状态的政治紧张局势，我们今天就已经可以预见。可是，决策者们看起来好像有着很大的兴趣，让整个世界依赖于某些外国货币，主要是美元。

厄瓜多尔的例子显示了，这种外来货币的引入是以怎样坚定有力的，同时又是违背本国国民意愿的方式展开的。

"有的国家甚至于在讨论，是否要彻底废除本国的货币。这当然是一个需要深思熟虑的决定。因为，放弃了本国货币，本国的经济政策就失去了两个行动选项：汇率和货币政策。与此相比，汇率和货币政策应该参照什么货币的问题无疑是次要的……"

——恩斯特·韦尔特克，德国联邦银行前行长

厄瓜多尔——通过美元走向贫困

有趣的是美元在厄瓜多尔的强制引入。1999 年秋天,厄瓜多尔无法支付它的债务,不得不作为很长一个时期里的第一个国家宣布无力偿还债务。货币价值骤降,所以,总统要求引入美元。而民众,主要是印第安人对此表示反对。印第安人清楚地知道,这项措施的后果是广泛的贫困。骚乱以总统的退位而告终,副总统古斯塔沃·诺沃亚接管政权。可是,不顾民众无数的游行和抗议,在他的第一个公告中,诺沃亚就表示,无论如何他将引入美元。2000 年 3 月,诺沃亚的一揽子改革方案得到了议会的批准,国际金融机构立即以 20.45 亿三年期美元贷款的承诺对此表示支持。在这之后,本国货币应该参照阿根廷的模式,以一个 1∶25000 的法定汇率与美元挂钩,美元甚至于作为正式的支付手段被引入。可是,伴随着宣布的贷款,本来就已经超过 150 亿美元的过高的外债进一步增长。通过货币与美元的捆绑,价格也上升到国际的水平,这使得占国民总数 60% 的贫困者在未来会变得更加贫困。到 2000 年底,本国货币苏克雷(Sucre)在存在了 116 年后最终被美元所取代。很显然地可以看出，在货币问题方面，民主决策和经济决策都没有发挥作用。最终，厄瓜多尔由于美元的引入遭受了破产。在一场新的经济危机中，资金立即撤回了经济实力较强的货币区美国。因为没有作为交换媒介的货币，厄瓜多尔的经济只能崩溃了。

可惜人们从这些事例中没有学到什么东西，反而期望把美元作为货币引入中美洲和南美洲的广大区域。除厄瓜多尔以外，这些国家包括萨尔瓦多和危地马拉。它们已经计划允许将美元作为本国的支付手段。这些决定的后果事先就可以预见：这些国家将被剥夺它们的货币自主权，它们不再拥有经济政策的活动空间。

除这个国外的例子以外，德国的重新统一和将德国马克引入以前的民主德国就是最好的例证之一，它充分显示了强币在一个弱国中是如何使得企业破产，如何将国家推向长久的衰退的。特别有意思的是，正是这些当时通过错误的货币政策设想使两德工程完全失败的决策者，在这之后不久甚至于想将一种单一货币扩展到整个欧洲。

"德国重新统一的历史是一个'典型的例子，表明让政治优先于经济经常是要付出昂贵的代价的'。按照霍尔纳（德国经济研究所景气部主任——作者注）的话，'东德马克的极端高估导致了经济效益和在世界市场上竞争能力的丧失。'"

——《世界报》，2000 年 6 月 8 日，对德国经济研究所的
研究报告《10 年德国货币、经济和社会联盟》的报道

反对所有单一货币的论据——在东德引入德国马克

1989 年东德的崩溃对很多政治家来说是感到非常意外的。最初，对于德国将向怎样的政治和经济方向发展的问题，还具有很大的不确定性。可是，在这个启动的时刻，当时的联邦总理赫尔穆特·科尔做出了一个后果严重的决定，他突然要求在东德引入联邦德国的马克。借助于媒体的强烈支持，在东德大众中造成了对西方货币的向往。当然，东德的居民没有被告知西德马克引入的灾难性的后果。此外，联邦德国马克在东德的引入是以非常不寻常的方式进行的：在 1990 年 2 月 6 日，当时的联邦德国央行行长卡尔·奥托·珀尔还将统一后的德国立即实现单一货币的主意评论为"完全的空想"，在同一个晚上，珀尔就对

德—德马克联盟提出了异议。在 1991 年 5 月，珀尔宣布了他的提早退职。10 年之后，这位前央行行长解释说，当时，德国中央银行被这个决定所震惊。甚至于联邦内阁也没有被告知，只有四位政党主席知道此事。联邦德国马克引入后，很快东德就发生了经济的崩溃，而东德经济本来还是好于东欧集团其他国家的。此外，与苏联的整个外贸（世界上两个国家之间最大的对外贸易）在一夜之间被取消了，因为硬通货马克扼杀了所有与疲软的卢布的贸易。通过东德马克对西德马克的有利的汇率，东德本来还是应该能够像西班牙那样与西方各国相竞争的。可是，由于引入西德马克，东德现在必须在一个对这个国家来说太"硬"的货币的基础上与西方竞争。这样，德国的新联邦各州就要依赖于西部。一种货币升值 400% 之后，紧跟着的立即就是企业的倒闭，而这又导致了大批的失业。此外，东德马克与西德马克以 1:1 的比例兑换后，东德的所有债务也转成了以硬通货计价。同样，工资也突然必须以西德马克支付。对此，央行前行长珀尔认为："当时的错误是显而易见的。当时，根本没有考虑一下，是否应该把汇率作为在东德引入德国马克的基础。东德的企业必须在一天之内以西德马克来支付工资,并且是同样水平的、但以前是以东德马克支付的工资。当然没有人能够做到这一点。实际上,所有企业在一天之内丧失了支付能力……其后果在今天是完全清楚的了。以前的民主德国是在很大程度上被非工业化了……"

"考虑到即将来临的 1990 年大选,财政计划是打着一种少有的幼稚的(为了不选择一个更糟的词汇)印记。"

——雷姆特·约希姆森教授,

北莱茵—威斯特法伦州中央银行前行长

非内行的决定导致彻底的崩溃

今天,只有通过财政转移支付,才能阻止东部德国的"新的联邦公民"滑入到最低的社会生活水平之下。与此相关,北莱茵—威斯特法伦经济研究所的一份研究报告指出,在一个不确定的时期内,这种转移支付有必要继续维持在一个相当的规模。此外,仅仅 10 年的时间,前东德的负债状况就已经提高到了平均每个居民 3400 欧元的水平。对于这样一个类似的负债水平,在西德是花了 50 年才达到的。1/3 的消费必须通过来自西部的资金来提供支持。研究报告认为,新联邦各州在 30 年内还需要依赖大量的资金支持。可是,尽管有这种巨额的援助支付,从新的联邦各州的迁徙仍然不能被阻止。所以,由于居民迁徙到西部德国,东部的城市人口数量,如德累斯顿或者莱比锡的人口下降到了 1980 年的水平。如果保留民主德国马克的话,现在流向捷克或者匈牙利的资金就会流入政治和社会都更稳定的新联邦各州。在同样程度的西部支持的情况下,东部德国的大众失业和衰退就会被避免,并能够为长久的幸福创造出坚实的基础。今天,民主德国的经济增长已经落后于联邦德国,居民的人均国民生产总值正好是联邦德国的一半,而单位工资成本比联邦德国高 1/4。由此,在可预见的时期内,新联邦各州属于德国的救济院。在货币压力下,统一的德国很可能将长期地处于破碎的状态。联邦议会前议长沃尔夫冈·提尔泽曾正确地指出,东部的社会和经济都处于"危险的境地"。根据德国经济研究所的一个预测,在未来,东部的经济增长还将落后于西部。同时,会伴随着一个剧烈的人口迁移。后来,提尔泽还曾再次指出,一个依赖性的东部尽管还太弱小,还不至于威胁到共和国和它的刚刚获得的统一，但它却绝对能够损害它的统一。与民主德国的情况相反，东欧集团的其他国家通过它们独立的货币拯救了它们工业工作岗位的很大一部分，尽管在之前，民主德国是更具竞争力的。比如，捷克、匈牙利和波兰分别保存了 68％、77％和 85％的工业工作岗位，而东德却只保留了 19％。尽管有其他的一些原因，如错误的土地政策和对联邦德国企业的补助等，但货币的转换是新联邦各州衰退的主要原因。

新联邦各州向联邦德国马克的灾难性的转换不是由于不了解情况，而是故意而为之。从《南德日报》上克劳斯·德雷尔所写的一篇关于科尔生平的文章中得知，前总理非常清楚地知道当时东德的经济状况："在柏林墙倒塌后，于 1989 年 12 月 19 日第一次访问民主德国时，赫尔穆特·科尔就清楚地了解了这个解体的第二德国在经济上的困难。尽管如此，科尔在 1990 年 2 月初还是决定在东德引入一项经济和货币改革，作为克服经济困难的唯一良药。这是一个单独的决定，是科尔在没有征询他的专家，不顾专业人士的建议的情况下做出的。"如德雷尔描述的那样，引入德国马克的决定是违背联邦中央银行的要求做出的："当他做出这个决定,并同他的财政部长特奥·魏格尔讨论此事时,当时的联邦德国央行行长卡尔·奥托·珀尔在与他的东德同事霍尔斯特·卡明斯基取得一致意见后拒绝了对德国马克的操之过急地引入。后来,珀尔被魏格尔强制地拉回到政府的路线上来。"看起来在做这个决定时,经济方面的因素是几乎没有起什么作用的,很显然,它是按照纯粹的权力政治的现实决定的。"科尔迫切地要推行他的经济和货币改革的原因是当时东德即将举行的人民议院选举(作为最高人民代议机构,人民议院是原民主德国的最高权力机构。——译者注)。"德雷尔这样继续写道。首先是以 1∶1 而不是 1∶6 的比例来兑换货币的决定,在后来造成了巨大的问题,因为企业的债务同样升值了。对此,德雷尔在他的科尔生平中这样写道:"当总理还继续向前迈了一步,宣布东德马克将以 1∶1 的比例与西德马克交换时,专家们被彻底地震惊了。从经济上来说,货币的转换造成了一场灾难。"同样,哈勒经济研究所(IWH)的现任主席吕迪格尔·波尔曾在 1990 年警告联邦总理科尔提防货币联盟的灾难性后果。10 年后,他解释说:"在拥有自己的货币的时候,能够通过汇率施加影响,以贬值的方法来降低调整的压力。可是，通过这种政治上需要的货币联盟，这种可能性就消失了。民主德国的企业迅速滑向亏损。只有通过高额的补助才能防止立即发生的崩溃。"德国经济研究所指出，即使是一个西方的工业国家也经受不住这样极端的货币升值。对于认为除迅速引入德国马克以外没有其他选择的说法，担任研究所多年所长的鲁茨·霍夫曼称之为"是不可接受的"。特别是1∶1比例的转换（储蓄存款的兑换比例是1∶2）有着悲剧性的后果，它使得一半的东德生产被摧毁，经济能力下降了30％。我们必须明确指出当时的政治家们的这种不负责任。在1990年2月8日，德国经济研究所还强调指出了在东德引入德国马克的危险。一天之后，鉴定专家委员会（这是总体经济发展鉴定专家委员会的简称，俗称"五贤人"。这个在1963年成立的委员会主要研究德国经济的总体发展。每年的11月15日，该委员会会向联邦政府提供一份独立的评估报告。——译者注）称货币联盟是一种错误的手段。偏偏同样是这些用错误的决定把德国统一引入危机的决策者，后来签署了引入欧元的《马斯特里赫条约》。前东德的例子清楚地表明，一种强币在一个弱国中是怎样剧烈地摧毁经济的。所以，人们可以设想，欧元会在欧洲造成什么样的损害。

　　鉴于到目前为止的每一个把一种强币引入弱国的工程都是注定会失败的，我们就不禁要问，为什么决策者们没有从中吸取教训呢？相反，却为拥有不同国家的欧洲创立了一种单一的货币，其后果将会大大超过德国统一时引入德国马克所造成的恶果。在做这个决定时，欧盟的其他经济区域起了举足轻重的作用。

第七章
欧元和经济危机

"如果人们把两个实力不同的国家经济连接在一起,那么,对于实力弱的国民经济来说,意味着结构的崩溃和失业,并且这个国家的经济必定需要经济援助。如果人们谈论欧洲问题,就这一点来说,是一个类似的联合问题……人们只能说,如果一种像东德马克那样的弱的货币与世界上最强的货币捆绑在一起,那么,对这个弱的国民经济的结构就会产生相应的后果。在这里,两个实体的货币联盟是一个有意思的、具有普遍性的例子……"

——威廉·吕林教授,汉堡中央银行前行长

如果想弄清我们的单一货币下的经济发展过程,那么就必须了解我们的金融体系的根本错误。欧元正处于一个阶段,在这个阶段,经济本来就必须同不断增长的不稳定做斗争。现在,只有很少的人意识到了,从整体上来说,我们的资金体系是一个带有终止日期的体系,这个体系是注定要崩溃的。

一个带有终止日期的体系

我们的经济体系归根结底是建立在债务迅速扩大的基础上的。德国联邦银行所做的整体经济的融资计算证明了这一点:在 1960 年,德国的总体债务(国家、经济体和私人家庭开支的贷款)换算后还只有 1550 亿欧元,到 1980 年,这个金额上升到了 1.18 万亿欧元。在 2000 年,已经突破了 6 万亿欧元的界限。如这些数据所显示的,这是一种几何级数的、爆炸性的增长,其进展速度越来越快。这种发展速度意味着每隔 10 年贷款就会翻倍。由此,自 1960 年以来,巨额的债务提高了 33 倍多。这种债务的扩大当然也是同利息负担的相应增长相联系的。与此不同,国内生产总值在一个较长的时期内只是线性的,也就是每年以一个基本上接近的金额增长:从 1960 年以来,国内生产总值还不足以翻四番,也就是说比债务负担要慢八倍以上。由债务造成的资金成本占去新增价值的越来越大的部分(参见图表 4)。

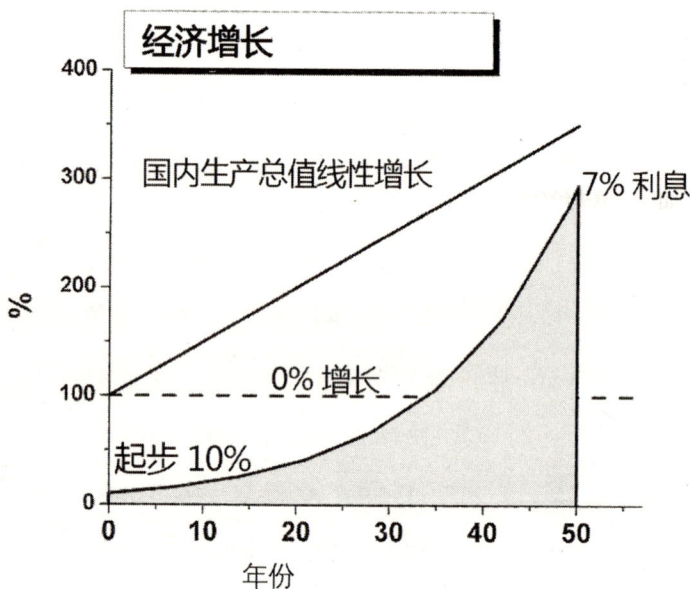

经济增长

国内生产总值线性增长

7% 利息

0% 增长

起步 10%

%

年份

图表 4:资金成本和新增价值变化的计算模型

债务的螺旋上升是源于我们的货币体系的架构——现存资金的大部分是以付息的方式被存放的,这意味着货币财富每年以当时的利率的速度在增长。此外,获得的利息会被重新存入,在下一年一起计算利息。这样一种复利变化的后果就是,利息负担的增长以越来越快的速度向前狂奔,直到"爆炸"为止。在此,让我们看一下所谓的约瑟夫的芬尼的理论例子:比如,某人在公元○年以5%的年息存入了一芬尼,那么,通过复利,在1466年,它会变成一个纯金地球的价值。到今天,它又会增多为超过2000个金地球的价值(参见图表5)。

如果约瑟夫给他的儿子耶稣以5%的年息存入1芬尼,那么结果会是……

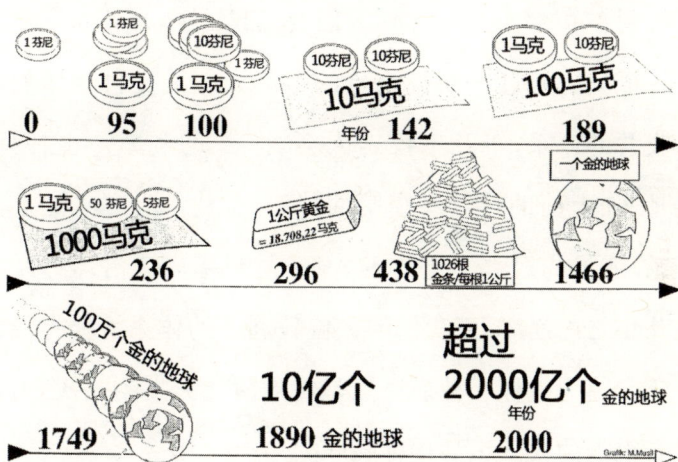

图表5:约瑟夫的芬尼——一种崩溃体系的例子

投资专家麦嘉华提出了一个类似的计算,他强调还没有一种货币的存款能长期运转。他计算出,如果在1000

年按 5％的利率存入 1 美元,那么到今天,仅仅是增长的利息收益就会超过整个世界的国民生产总值! 后来,麦嘉华预测性地进行了一个同样的计算:如果道琼斯股票指数以每年 18％的速度上升,那么,其结果就是在一个很短的时间内,其股票指数就可达到天文数字。这个例子表明了,利息体系总是只能在几十年的时间内运转,然后它就会重新崩溃。就这一点来说,这是一个带有终止日期的体系。当听到 100％年息承诺时,人们会想起"滚雪球体系",也就是一个只能通过不断吸收新的存款人才能支付承诺的利息收益的体系,可几乎没有人会对 5％的利率产生怀疑。但是,如上面的计算所表明的,每一种建立在利息之上的体系,或早或迟都会爆炸的。100％利率的滚雪球体系会在几年之内崩溃,而我们的一位数利率的体系将会持续几十年。因为这样一种崩溃只是每隔两代人发生一次,所以只有很少的人认识到这种关联。

如果你想到你的资产,那么,利息效应听起来还是非常舒服的:你不用做出什么贡献就获得了货币,这是"让钱为自己工作"。经常被忘记的是作为事物另一面的债务:某人作为利息收入入账的每个马克,另外一个人必须登记为债务成本。在这里财富和债务是以相同的金额增长的。如果某人拥有很多资金,他就能有很高的利息收益,相应的,他就能够存入更多的钱,由此,下一年的利息收益就会更高。在另一方面,对于必须承担国家、经济体和私人贷款的利息负担的广大民众来说,他们的债务增加了。这造成财富从民众到少数富豪的再分配。

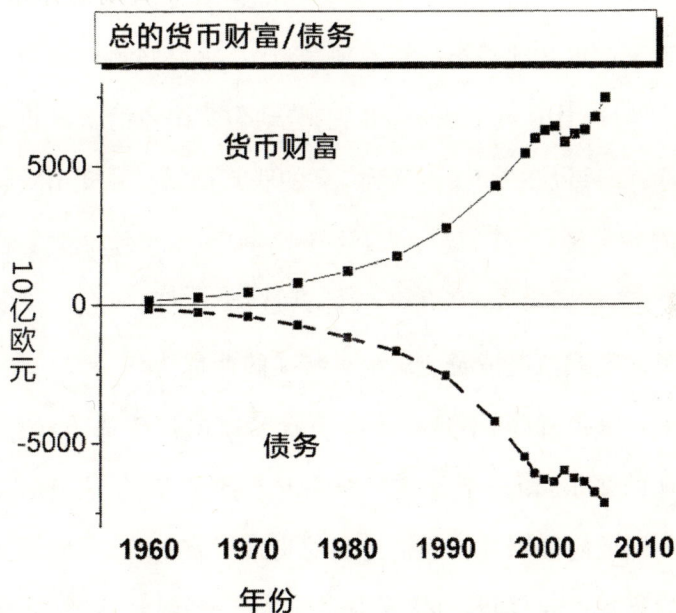

总的货币财富/债务

货币财富

5000

10亿欧元

0

-5000

债务

1960 1970 1980 1990 2000 2010

年份

来源:德国联邦银行的整体经济融资计算

图表6:总的货币财富/债务负担的发展

117

图表 6 展示了德国的总的货币财富和总的债务负担的发展情况。我们可以清楚地看到复利机制所造成的不断加速的发展。这种财富和债务的增长不依赖于实际的经济贡献。通货膨胀也不会改变这个过程，因为，通货膨胀率会被加到利率上面，从而，债权人被保护免受价值损失。在这样一个爆炸性的体系中，对于债务人来说，越来越难以偿还他们的贷款，问题会变得越来越快，越来越大。因为企业也必须承担高额的利息负担，它们必须在其他方面来节约，比如美其名曰"解放"劳动力。国家的情况也是一样：如果说在 1950 年不到 1％的联邦德国财政支出被用于债务支付，那么，到今天，这个比例已经达到 30％。由此，在每个国家，一场债务危机只是一个时间问题。国家债务的发展情况清楚地展示了状况的严重性。

在这里，问题不是在于单个政治家的挥霍欲望，或者民众的要求，而是不管在其他地方节约了多少，债务必定会如同通过复利计算成倍增加的货币财富一样，以同样的规模增加。在这里，涉及一个真正的债务强制，不是对单个个体，而是对国民经济整体。这个体系能够运转的时间长短，取决于债务的不断增加。如果企业接受的贷款不够,那么国家必须介入,承担债务负担。如果说现在没有人再愿意借债,那么,利率就必须降为零,因为面对增长的货币财富,没有同样金额的贷款需求。可是,当利率为零时,根本就不会再有可供支配的资金,资金会从经济循环中撤出。这样会出现一场以经济危机而告终的通货紧缩。通货紧缩意味着,可供商品和劳务交换的流通的货币数量较少了,其结果是价格下跌。价格下跌越厉害,企业的销售收入就下跌得越厉害,因为潜在的客户们希望所有东西会变得更便宜,把他们的购买推迟到了未来。在进一步的发展过程中,企业被迫解雇员工或者关闭公司。由于失业的垂直上升,民众的购买力继续下降,企业的销售也相应地下跌。一个破产浪潮是其直接的后果。这个破产浪潮又给银行带来了困难,因为出现了越来越多的银行坏账。由此。就有在银行破产中失去所有存款和储蓄的危险。减少的财富当然会迫使民众进一步地缩减消费,而这又降低了企业的销售,给通货紧缩的下降螺旋以新的推力。如果谁负债的话,很快就会在危机中陷入一种绝望的境地。

这并不奇怪,在历史的发展过程中,这样的一场通货紧缩经常是以一场战争而告终的。世界随这个体系而处于一种股市崩盘、战争和崩溃的恶性循环中。只要人们没有从历史中吸取教训，深入探究它的原因，那么这种恶性循环就还会继续。在一个这样的崩溃发生前，各种问题已经以越来越大的规模表现出来。其原因是对于国民经济整体来说，由资金成本造成的不断上升的负担有着灾难性的后果：通过复利效应，债务的支付占据了国民经济新增价值的越来越大的份额，因为生产率的增长不足以弥补以几何级数增长的利息负担，这一点在利息上升时期就显得特别明显。如果说在以前，越来越高的资金成本还可以通过强有力的生产提高来承受，那么在一个市场饱和，竞争增强的环境里这就变得几乎不可能了。所以，在这个过程中，对于企业来说越来越难以获取利润，因为资金成本占去了一个越来越大的份额。所以，在生产性的经济体中，利润率不可避免地下降，这一切在自 1990 年以来每年 1.3％的利润率下降中得到了证实。

从股市繁荣到股市崩溃

因为对实体经济出于上述的原因越来越不值得投资，资本流向投机的领域——股市开始繁荣。股票的估价与实际的发展日益脱节,股价被高估,最后,股市交易的严重崩塌是其不可避免的结果。随后,投资额度会大幅度减少,因为即将来临的不确定性使得每种投资看起来都很有风险。通过大规模的资本销毁,这个周期才结束。然后在资本主义体系中开始一个建设、膨胀性借贷、股市繁荣、货币崩溃和危机的新的循环。历史证明了大约每两代人有一个周期的这样的一个发展过程。从 1873 年到 1929 年的各场崩溃是这种发展的例证。(关于我们的金融体系的

来源:曼雷德·文策尔,科隆

漫画 4:大爆炸

121

崩溃和关于货币存款的进一步的资料可阅读君特·汉尼希的两本著作:《货币崩溃——这样拯救你的财富》和《股市崩盘和经济危机》)

借助于对我们历史的一个简短的观察,才能更好地知晓我们的经济会是怎样的一个发展过程。

第八章

危机和战争——历史在重演

"高利贷者是有充分的理由令人厌恶的,因为在高利贷者那里,货币本身成了收入的来源,而没有被用于它被发明时的用途。因为,货币是为商品交换而产生的,但是,利息使得从货币产生出更多的货币……但利息是货币的货币,所以,它是所有收入来源中最违背自然规律的。"

——亚里士多德(Aristoteles),希腊哲学家

　　今天,如果有人问,我们的社会将去向何方,那么,他就不可回避地需要对过去进行全面的研究。我们当今的社会被媒体赞美为是"所有世界中最好的社会"。没有哪个时代取得了如此辉煌的"进步",也没有哪个时代有着如

此美好的未来。当然，它们几乎没有对我们体系的深层的机制进行深入的探讨。恰恰是这种深层的机制揭示了我们的社会不仅仅是注定会继续衰退，而且不可避免地会走向崩溃。当今世界绝不是"最好的"。对历史的回顾显示了，历史的过程有规律地、以或多或少的间隔重复着。在此，我们的时代也决不例外。在这方面，循环总是从一个繁荣经过危机然后走向战争。其推动力量始终是金融业的发展，是它决定了人们的命运。

起推动作用的摧毁力量

谁如果想理解历史，并从中吸取教训的话，首先就必须弄懂货币的基本原理。在这方面，文化是从社会中发展出来的，社会是建立在经济基础之上的，而经济又是以货币制度为基础的。所以，如果在金融领域存在问题，立即就会传播到经济、社会和文化领域。如果金融体系崩溃了，那么，整个社会制度也不可避免地会崩溃。

谁如果寻找货币体系的主导因素，就会发现是对每个国家的一种借债的强制。这些债务当然永远也不可能被偿还，它只是每年以发生的利息的金额在增长。重要的是不仅仅要观察国家的债务，而且还要研究企业和私人的贷款。如果国家压缩了它的债务，如比尔·克林顿总统领导下的美国，企业的贷款就会增长得更厉害。结果是在世界上存在利息体系的各个时代和每个地方，债务都会爆炸性地增长，直到体系崩溃。此外，利息曲线的变化是一种完全违背自然的发展：在自然界，健康的发展（比如一棵树木的发展）在开始时比较快，然后会放慢，最后完全停止，而这在利息体系中恰恰相反。在利息体系中，利息的发展开始时是缓慢的，然后不断地加速，在计算上甚至可以无休止地发展下去。这种发展的标志是，比如说债务在相同的时间段里会翻倍。根据利率的高低，这时间段可能会长些或者短些。如果现在连利息都无法支付，如在各国经济中经常看到的那样，那么这些利息就会被加到本金之上，在下一年额外地收取利息，这就是复利效应。

复利的增长不会导致一种稳定，在理论上它可以无休止地延续下去。如果这种复利增长出现在实际经济生活中，那么始终意味着一个毁灭的过程——肿瘤在人体中的扩张有些类似于复利增长的过程。在开始时，只有一个癌细胞，然后分裂，产生了两个肿瘤细胞。这两个细胞继续分裂，变成 4 个，然后是 8 个、16 个等，到最后，整个身体被癌细胞侵蚀，人就会死亡。

类似的过程如在一场雪崩中。在开始时只有一颗雪粒滚动，这颗雪粒撞击另一颗，这两颗又撞击其他的，到最后整座雪山倒塌下来，毁坏道路上的一切。

原子弹爆炸的变化过程也按照复利曲线：一个原子被中子轰击后裂变，释放出两个中子，它们各自能够再次裂变一个原子。到最后产生强大的核爆炸。

出于这种原因，每种建立在几何级数的复利机制之上的体系都会崩溃。所以，癌会杀死它的主人，一场雪崩找不到新的"给养"，会跌入山谷，即使是最可怕的原子弹爆炸也总会有个尽头。人们可以把这整个过程设想为一种类型的大富翁游戏（大富翁是一种多人策略图版游戏。参赛者分得游戏金钱，凭运气"掷骰子"及交易策略，买地、建楼以赚取租金。英文原名 monopoly 意为"垄断"，因为最后只有一个胜利者，其余均破产收场。游戏的设计当初旨在暴露放任资本主义的弊端，但是推出之后却受到大众欢迎。——译者注）。在这个游戏中，某人偶然遇上了好的条件，并由此获得比其他人更多的货币。他借贷这些资金以获得利息支付，然后通过赢利变得更加富有，所以他可以出借更多的资金，这样一直进行下去。游戏中的其他人相应地失去他们的财富，游戏参与者之间的竞争压力变得越来越大。在这过程中，向得胜者支付的金额以越来越快的速度激增：比如，如果按 7％ 的年息计算，需要支付的利息负担每 10 年翻一番。如果说现在在德国利息负担几乎是 1 万亿欧元（国家、企业和私人的债务利息以及间接的利息负担），那么，只要在 50 年后就已经要支付 64 万亿欧元，在 100 年后甚至要支付 2048 万亿欧元作为整个利息负担。这只包括了利息，对于原债务金额，还没有归还一个欧元。在最后的阶段，一般总是与一个繁荣的股票市场相联系，因为迅速增长的利息资金迫切地要寻找新的投资机会。与经济危机一起发生的股市崩盘是其直接的后果。紧接着经济危机的后果是战争。由于战争的毁坏，对于利息资金来说，重新产生了孕育着利润的投资机会。

以此为背景，不仅能够理解历史的发展进程，而且也能阐明未来发展的可能性。可以清楚地看到，发展总是按照相同的模式进行的。所以，让我们来看看最近 130 年的历程。

1873 年的危机——从贪婪到危机

关于处于最后阶段的利息体系的一个范例是 1870 年前后的所谓的繁荣时期。在欧洲，许多企业通过大量的借债被创立，并转变为股份公司。企业价值完全被高估，股票价值经常是企业实际价值的两倍或者三倍。由此引发了一场股市繁荣，越来越多的人成为它的牺牲品。为了排除一切批判性的思想，奸商们狡猾地利用人们追求财富的贪婪心理。比如，为了招揽投资者，他们雇人假装在股票发行处前热闹地挤来挤去。同时，报纸以各种各样的方式报道股票的多倍超额认购。由此，在大众中造成一种假象，好像在股票方面真的存在很大的好处。通过这些伎俩，股市的发展被进一步地升温。从 1871 年到 1872 年间，在柏林的股票交易所，每天都有一家新公司出现在股价表上。这种发展是同房屋价格的直线上升相联系的，因为富裕的上层对不动产的需求越来越大。可是，这种发展在 1873 年 3 月以一场崩溃而告终，广大民众被推入痛苦的贫困之中。当股价骤然下跌时，成千上万的人失去了他们的生计。在 1876 年，股票价格只有 1873 年股市繁荣时的一半。房地产繁荣也同样转向它的反面,不计其数的房屋被空置,因为许多房屋的主人无法偿还他们的贷款。股市危机也把整个经济推向了通货紧缩:没有人愿意更多地投资,没有人能够购买东西。企业的产品没有销路,不得不一再降低价格。但是,工资在发展过程中也被压缩了。

这场到那时止属于最严重的经济危机延续了 23 年,一直到世纪之交才结束,这时,经济进入了一个暴跌和繁荣交替的时期。国家为了维持利润率不断地继续举债,最后以第一次世界大战而告终。

"现在在社会中占据统治地位的资本主义意味着永远的战争……战争都是经济问题在资本主义意义上的解决方案的尝试……和平运动的决定性的问题是:能够从社会中铲除当今占统治地位的资本主义吗?但是,如果资本主义的收入体系仍然存在,那么,尽管有和平会议,持续不断的战争的时代还将延续。"

——古斯塔夫·罗兰教授,
《政治经济学体系》,1908

第一次世界大战——利息资本主义造成它的牺牲品

特别是 1912 年的衰退对民众的生活产生了灾难性的影响。在这个时期,各国都大规模举债,比如德国,它为铁路债券一项的支出,就比整个高度装备的军队的开支还要多。总体来说,当时大部分国家的财政状况都非常紧张,所以,为了能够承担增长的利息负担,每个国家都努力使自己占据尽可能大的世界市场份额。由此,各国之间的竞争不断发展。

如果谁认清了利息资本主义体系,那他早在第一次世界大战之前就能够预言这些结果。所以,在 1908 年,政治经济学教授古斯塔夫·罗兰就通过利息效应计算出了财富的集中,并得出一场灾难就在眼前的结论:在 1879 年以 1500 万马克的资本成立的德意志银行,到 1908 年时,其资产已经增长到了 1.5 亿马克,就整个辛迪加而言甚至达到了 30 亿马克。如果保持这种增长速度,最迟在 10 年后,整个 1500 亿马克的国民财富就会全部属于德意志银行。但是,等不到这一天了。罗兰提早 6 年预言了第一次世界大战爆发。在三卷本的著作《政治经济学体系》中他写道:

"伴随着经常性的无节制贷款需求,借助于银行和股市的资本,国内和国际的私人企业的联合以一种似乎计划周密的方式进行着。在我们的战争年代,这种联合有一天会威胁着将我们导向一场在各国的历史上几乎没有经历过的危机。"

1923 年的超级通货膨胀

1920 年初,由于第一次世界大战后战争赔款的利息支付和本金偿还,德意志帝国政府的财政状况非常紧张。政府试图以不断增加的德国银行贷款和大量印制钞票来控制事态的发展。不是以纸币或者硬币形式作为现金存在的,而是作为能立即兑现的银行存款存放在账户上的记账货币增长到了 500 万兆,而在市面上流通的现金几乎是同等的金额。300 个造纸厂和 150 个印刷厂为制造纸币而工作着。德国货币的购买力跌入了无底洞,美元汇率直线上升。德国银行的纸币以越来越大的面值被发行,以至于最终出现以美元、价值稳定的实物和不动产来避险的现象。企业主尽快地将他们的货币带到银行,将其兑换成外币。由于价格在不断地改变,工资每天支付两次。很快,货币甚至于完全失去了它的支付手段的功能,交换都是以实物来进行。这场超级通货膨胀可以被看作第一次世界大战后德国战争赔款造成债务的直接后果。

1923 年的货币改革——没有从历史中学到什么

1923 年的超级通货膨胀后,在 1923 年 11 月 15 日导入了一场货币改革。一万亿纸币马克兑换一个地产抵押马克(Rentenmark)。对美元的汇率被确定为 4.2 地产抵押马克兑换 1 美元。地产抵押马克只是一种过渡货币,在 1924 年 8 月 30 日,它被完全由黄金保证的、自由兑换的帝国马克所代替。恰恰是这个黄金保证,在以后的发展过程中被证明是灾难性的。货币改革后,最初出现了短暂的表面的稳定。但是,1923 年的货币改革也没有创造出一种稳定的货币,而只是为一场更加严重的危机奠定了通货紧缩的基石。

1930 年的通货紧缩

第一次世界大战后,德国开始在美国大规模地举债。这时,为了启动德国经济,银行们在美国接受短期贷款,然后以长期的方式借给企业。1927 年，显示了第一个危机的迹象：支付手段的周转不断地减慢，出现了破产和不断增长的失业。到 1930 年，外国债务以 220 亿帝国马克的金额达到一个高峰。其中一半是短期债务。可是，在 1929 年华尔街股市危机后情况才真正变得非常危险。在危机中，给德国的贷款不断地被索回，德国的货币黄金流向美国。1931 年 5 月 11 日，奥地利信贷银行的破产最终引起了世界范围的对在德投资的担忧，其结果是资本外流。几周之内，帝国银行损失了相当于 20 亿帝国马克的黄金和外汇。从 1931 年 7 月起，货币资本大量地从市场撤出，因为外国的和德国的客户以同样的方式将他们的货币从银行账户取出。根据当时还有效的金本位制，德国的货币发行银行有义务将发行的货币价值的 1/3 以存放黄金的方式来担保。也就是说，流通中的纸币和硬币的价值最多不能超过在保险箱中的黄金价值的三倍。越来越多的黄金在危机期间被抽离德国，帝国银行就必须在流通中抽出越多的货币，以维护黄金保证的水平。这样，通过黄金保证，这场以 1929 年华尔街股市崩溃开始的美国危机蔓延到了整个世界，因为，大多数国家将它们的货币与贵金属挂钩，它们必须采取相应的行动。由于交换手段货币的收紧，一方面，通货紧缩进一步加深，另一方面，中央银行不再可能实施独立的政策来克服危机。

与此相关联，有趣的是引起这场变化的美国股市危机的发展过程。

1929 年的股市崩溃

当时，民众，首先是美国的民众真的相信会有一个永久的繁荣。与之相应，股价从 1924 年起开始上升，到 1927 年，投机活动已经达到一个巨大的规模。因为股价看起来在不停地攀升，投机的狂热抓住了广大的民众。在 1928 年 1 月，当时的总统甚至说，不存在任何担心的理由，因为股市贷款还不是太高。迅速增长的股市盈利以收音机和汽车的普及得到了解释。这些企业股票价格的上升的确开始了股市的繁荣。股市的回弹则完全被投资者所忽视。在新闻播出中，股市的报道经常是放在第一位的。可是，从官方方面听到的始终是关于这种发展是无害的说法。比如，1928 年，赫伯特·胡佛在他被提名为共和党总统候选人后的演讲中说，美国正站在最终战胜贫穷的大门前面，救济院将会消失。在这期间,美国联邦储备委员会(简称美联储,是美国的中央银行。——作者注)通过禁止用于购买股票的长期贷款来限制股市贷款的扩大。所以,投资者们灾难性地转向更具风险的短期债务,在这期间,利率迅速从 12% 上升到 20%。如同现在一样,当时美国人就已经相信,重要的是在股价损失时不要卖出,因为这种下跌很快就会被重新拉起的。官方不断地给这种投机活动加热,而专家们对经济进一步发展的看法彼此相互矛盾。可是,人们的担忧继续被平息,比如,欧文·费雪教授在 1929 年 10 月 17 日还发表一个讲话,在讲话中他强调指出,只要几个月时间,股票市场又会重新明显地上升,现在进行投资是值得的。可是,不会有什么股市的复苏了,在 1929 年 10 月 22 日,在没有明显原因的情况下股市开始崩盘。

在这天开始了世界性的经济危机。在几年之内股价跌了 90% 以上(图表 7)。所以,国民的购买力也急剧下降,企业和银行的破产毁灭了储蓄者的财产。由于不断增强的不安全感,货币资金撤出了经济领域,而这引起了价格水平的剧烈下挫。因为价格下跌(通货紧缩),产品的销量立即减低,每个人都期待更优惠的价格,推迟了他们的购买。由此,企业陷入困境,被迫解雇工人,而这又进一步降低了购买力。因为大量的贷款未能被偿还,越来越多的银行倒闭。局势变得日益绝望。如同第一次世界大战一样,整个世界的形势都极端紧张,最终在第二次世界大战中达到了它的巅峰。

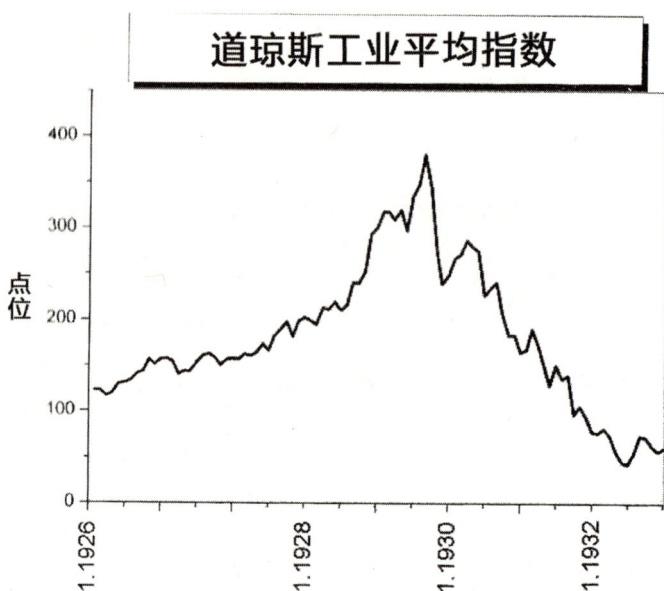

道琼斯工业平均指数

来源:道琼斯,历史数据

图表 7:道琼斯指数,1929 年股市危机前后的美国股市

"新时代的大的战斗都是违背统治者的意愿爆发的。

在我们的时代,股市获得了一种影响力,它能够为了它的
利益将军队召唤到战场……"

　　——格拉夫·冯·毛奇(1800—1891),德国陆军元帅

第二次世界大战——世界性经济危机的后果

　　随着 1939 年第二次世界大战的爆发,世界经济的发展
在很短的时间内重攀经济景气的高点,因为军备工业给一
直积聚着的资金重新提供了盈利的投资机会(参见图表 8)。

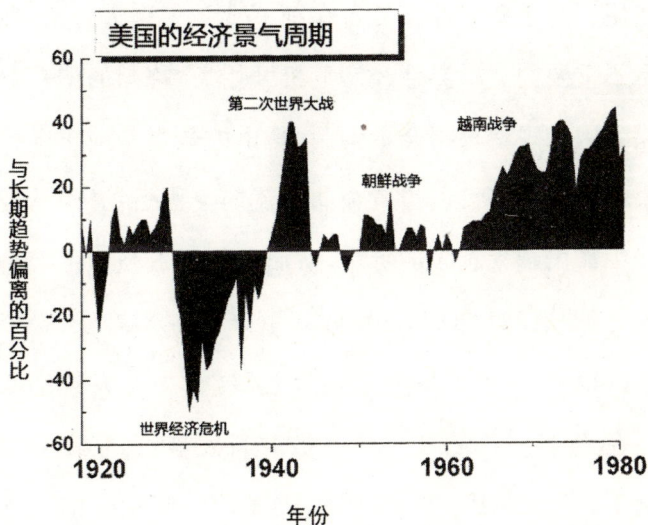

来源:巴特拉《1990 年的大萧条》

图表 8:美国的经济景气周期

所以，从经济的角度来看，第二次世界大战还是有很多好处的：借助于军备工业的赢利的投资机会，通货紧缩结束了。此外，每次战争都会到处摧毁房屋、工厂和设备等实物资产，从而使得对贷款的需求增长了。由于对资金的需求增大了，利息相应地就开始攀升，对于资金出借者来说，就值得把资金提供给经济界使用。这样一来，投资的数额就增长了。当然，这只有在破坏达到相当可观的水平才行。原则上，战争是起着使崩溃的利息体系重新运转的作用。至于武装冲突各自在细节上是怎么进行的，在这里是不重要的。世界性经济危机开始后，德国的形势急剧恶化。因为现在根据金本位制，货币的数量是同黄金价值联系在一起的，所以，当黄金储备流向美国后，必须从经济周转中撤出越来越多的货币，从而最终造成强烈的经济紧缩。1928—1932 年间，国民收入下降了 40％，私人投资甚至于减少了 75％。经济前景日益黯淡，失业人数不断增加。在这种情况下，与失业人数并行发展，国家社会主义德国工人党（NSDAP）（简称纳粹党，是 20 世纪前半叶魏玛共和时代的一个德国政党，前身是德国工人党，后由阿道夫·希特勒领导，在德国议会大选中获胜，担任党魁的希特勒于 1933 年出任德国总理。——译者注）由一个支离破碎的小党一跃成了德国最大的政党（参见图表 9）。

失业人数/纳粹党得票数

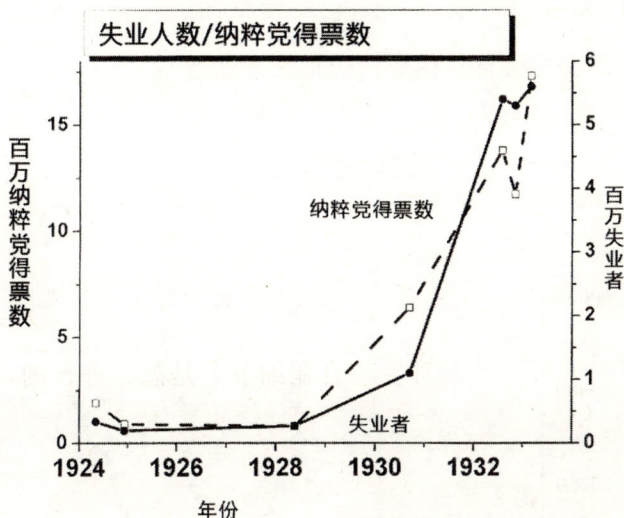

百万纳粹党得票数

纳粹党得票数

百万失业者

失业者

1924　1926　1928　1930　1932

年份

来源：马克斯.卢希滕贝克
《魏玛共和国的失败之处》

图表 9：通货紧缩中失业人数和纳粹党选民人数的比较

　　德国国家债务的发展数据是一个说明战争与利息资本主义之间相互关联的很好例子（参见图表 10）。通过贷款的利息支出，一个国家的债务在明显地增加。仅仅为了使被利息支出所减少的货币资本重新回到经济循环中来，每个国家都必须继续进一步举债。但是，因为随着时间的推移,利息负担会变得越来越大,最终,国家陷入越来越大的困难之中,可能的话,就会选择侵略性的,而不是忍受经济危机的和平的方式——它就会试图通过占领外国的领土来得到支付自身债务所需的新鲜资本。

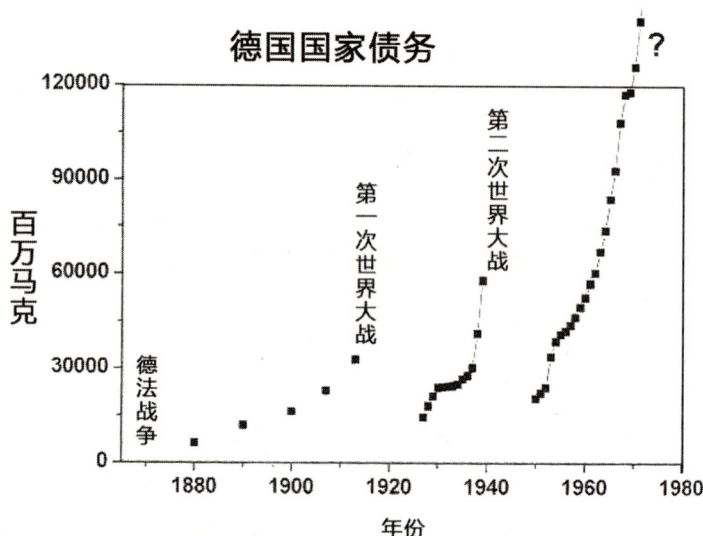

德国国家债务

百万马克

德法战争 · 第一次世界大战 · 第二次世界大战

120000

90000

60000

30000

0

1880　1900　1920　1940　1960　1980

年份

图表 10:德国国家债务

　　为了尽可能地推迟这种崩溃,每个国家被迫提高它们的出口比例,而这当然又造成了其他国家的负担。德国的出口数量不断地提高,根据《世界报》的数据,在 2000 年,达到了 1 万多亿马克的创纪录的金额。如果其他国家也同样提高它们的出口数量,那么,竞争压力就会迅速提高。国际紧张局势不断激化,直到发生武装冲突。所以,在第一和第二次世界大战前都存在着债务爆炸以及与之相应的军事干涉压力。在这方面,这样一种发展过程是不可避免的——只要经济的增长比资本份额的增长要快,也就是说只要利率比经济增长率要低,那么,不良的状况还能够被隐藏。可是,经济增长一旦达到界限,资本份额就会占据社会财富的越来越大的部分。通过利息效应,财富的转移在加快,各种困难达到了越来越大的规模。最后,货币资本从经济领域抽出,因为最低的利息也不再能够保证。出现的通货紧缩导致了很大的贫困和动荡。在一场战争中,实物资本的大部分被毁坏。随着重建,整个发展又从头开始,直到下一次战争。

1948 年的货币改革——重犯错误

第二次世界大战后,德国的经济是支离破碎的。由于通货膨胀和战争破坏,货币失去了它的价值。所以,大部分的价格是由国家来确定的。因为这种受控调节下的生产是无利可图的,所以产品的供应不断减少,存在一个高价黑市。在美国的领导下,几个西方强国决定在西方占领区创立一种新的货币,以恢复其交易手段的功能。令人惊讶的是,新的钞票不是在欧洲,而是在美国印刷,并于1948年6月11—15日秘密地分发给11个州中央银行的。整个行动继续秘密进行,因为直到1948年6月18日晚上,货币交换的细节才被公布。对于储蓄者来说,没有可能对两种货币之间的更替做好准备。从1948年6月20日开始,帝国马克突然失效了,由此,所有的债务也都不存在了。所以,把他们的财产托付给国家的储户不得不承受巨大的损失。在这里可以看到货币债权与现金相比的缺陷,因为现金显然更容易,并以更好的条件被兑换。每个居民可以以60帝国马克兑换60德国马克。除此之外,银行的存款和其他的记账货币以一个明显比现金差的汇率来交换。但是,不幸的是,即使这一次也没有人从历史、从历史上的金融业中学到什么东西。因为,这一次涉及的根本不是什么一次货币改革(也就是引入一种真正以不同的方式运转的货币),而仅仅是一种货币更替(也就是用一种同样错误的设计的支付体系来代替之前失败的货币)。在这方面,整个过程会持续几十年,直到这个错误的后果显现。

现在，在 21 世纪初，正好是这种情况。谁如果知道过去，就可以看到今天基本上是同样的发展进程。比如说，股市的病态繁荣，这在 20 世纪 20 年代末已经导致了崩溃。

最后阶段——历史重演

今天，一个崩溃的利息体系的历史发展进程基本上是在重复。我们的体系已经处于最后阶段，其显著的标志就是在不久前爆炸性上涨的股价。在此期间，每天 2 万亿美元的外汇流通，只有 1％是服务于商品和劳务的交换的，其余的部分都是寻找高盈利回报的投机资金。与复利计算相适应，各处的债务也都在膨胀：国家、企业和私人在此期间垒积起了一座超过 6 万亿欧元的债务大山。用 50 欧元的纸币来堆积的话，这座大山可以达到 1000 多千米的高度。同时，货币财富集中到了如此少的人的手中，以至于世界范围 400 个亿万富翁占有的财富数额比全世界人民半年的收入总数还要多。如同到目前为止在历史上看到的那样，不平衡在越来越短的时间内急剧增长，直到这个体系崩溃。在这一过程中，每一次的崩溃都比上一次的要大。所以，即将到来的大崩溃将造成比 1929 年的大萧条更大的灾难。如果一个高度武装的国家在利息负担的压力下面临崩溃,除了利用武器的潜力外看不到其他的可能,那么,一场战争的爆发很快就是可以设想的了。如同过去一样,在我们这个高负债的世界里,要在日益激烈的竞争中获得资金给予者所要求的利润率,对于各国来说变得日益困难了。仅仅是这一点就肯定会使得冲突的潜在可能提高。而且,这种情况通过一个灾难性的错误而变得更加糟糕——欧元的引入。

欧元——欧洲的终点

原则上,单一货币可以与 30 年代的金本位制相"媲美",这种金本位制是对经济危机迅速地从美国蔓延到全世界负有责任的。通过汇率的固定,经济上完全不同的国家被相互捆绑在一起了。没有一个国家能够实施独立的、适合自身的货币政策,反而必须服从欧洲中央银行的决定。这样,在危机中就没有一个国家有可能至少部分地摆脱下降螺旋的旋涡。欧洲中央银行自己也承认,欧元引入后,体系的稳定和安全被明显地削弱了。出于这个原因,单一货币包含着巨大的爆炸威力,这将对战争还是和平的问题产生影响。

第九章
欧元——一个战争和和平的问题

"存在着相似的情况(针对世界经济危机——作者注)……
当时,所有国家接二连三地都陷入了危机,因为它们都要
维护它们的与金本位相联系的货币。在 1931 年,先是英
国,然后是美国也解除了它们的货币与黄金的捆绑后,这
些国家才摆脱了大萧条。今天,我们没有了金本位,但是,
在很多国家存在着货币与美元挂钩,这正是相似的现象。"

——杰弗里·萨克斯教授

在这个意义上,联邦德国前总理赫尔穆特·科尔的说
法——欧元是关系到战争和和平的问题,比一般的假定包
含着更多的真实的含义。尽管,科尔是想通过这种说法来

表示,欧元将带来和平,但是,实际情况却正好相反。比如说,一家德国的大银行发布了一个欧元的很有意思的广告:一张出自第二次世界大战后被炸德国的照片,它展示

插图 2:欧元使得战争之路变得容易?

了一间破烂木屋中的一个家庭。这张图片的上方是："欧元使得许多事情都变得轻松了"。如果不是在广告的文字中将欧洲一体化称作和平和幸福的原因的话，人们好像倒是能够——绝对正确地——这样解说：欧元使得新的战争和新的苦难成了可能。

当瑞士联邦前总统莫利策·劳恩贝格在 2001 年初坚持瑞士政府的加入欧盟的计划时，他的论断跟赫尔穆特·科尔的神化了的希望走的是同一条路线："如果人们观察历史，欧洲联盟是一个巨大的和平工程。"可是，事实上，单一货币包含着巨大的冲突潜力。其原因不仅在于由固定汇率引起经济弱国和经济强国之间的不平衡，而且也在于之后开始的资本外流，在这方面，受苦的首先是经济弱国。其后果是这些国家完全失血，它们的经济崩溃，大众失业。在这之后必需的转移支付款项和大量的人员迁徙，也使得强国，首先是德国如此广泛地被加重负担，以至于熟悉的生活条件被明显地恶化了。慕尼黑大学莱布尼茨经济研究所预计，仅仅是通过欧盟的东扩计划，在 2001 年总共就有 400 万～500 万人迁移到德国。通过慷慨的社会福利，对于每个移民每年要支出 2000 多欧元，而这些都是通过税费缴纳到国家体系里的。所以，在正常的经济情况下，这都会是公共财政的一个巨大的负担。在这样一种氛围中，无论如何很快就会发生国家之间的冲突。在过去，这种冲突经常是以战争而告终。此外，在前段时间，在美国的研究欧元的专业圈子里已经认为一场战争是可能的。所以，美国哈佛大学经济学家马丁·费尔德斯坦在 1997 年就认为，欧元的引入会诱发德国和法国之间的战争。在欧洲和美国之间也存在武装冲突的风险。欧元工程将在血腥的屠杀中结束，德国总理科尔的欧元是战争和和平的问题的论断以悲剧性的方式变成了现实。

可是，在欧元工程的危险之外还有由我们的利息体系造成的日益增加的债务，这将迫使每个国家扩大它的出口。由此，在国际上产生了破坏性的竞争，每个国家都试图提出其他国家无权占有市场份额，以便使自己有可能更好地承担利息负担。可是，如果市场本身没有变大，那么，一国扩大它某种商品的市场份额，就意味着其他国民经济的负担增加，这些国家就会日益陷入困境。如果一个国家被真正地逼到了墙角，觉得已经不再有什么东西可以失去的话，那么军事干预之路就打开了。

　　所以,认为德国能够扩大它世界出口冠军地位的讯息
不能被看作是一种积极的信息(参见图表 11)。

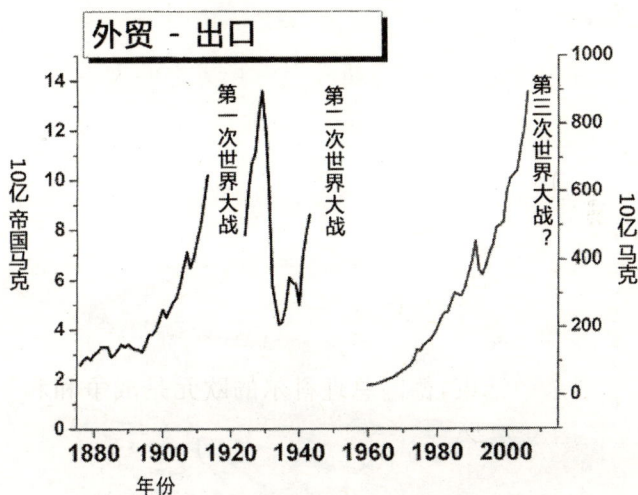

外贸 - 出口

来源:《德国货币和银行数据》德国联邦银行,1976

图表 11：出口和战争

　　我们的体系不可避免地不断滑向战争的方向,通过提
高的生产率,市场很快就饱和了,这就给企业的利润率产
生了压力。当利润率的下降超过一定的界限,资本首先就
会流向投机性的行业,然后就会导致股市的崩溃。通过由
此产生的不安全感,资金就会完全撤出市场,这样就会发
生一场由企业破产、大众失业、购买力下降、银行破产、动

荡和暴力而产生的通货紧缩的下降螺旋。一场战争摧毁了实物资本的大部分，利润率重新开始上升，体系重新开始运转。

2008 年开始的经济危机只是一场更大的世界性经济危机的序幕。

在此，欧元激化了这种状况，特别是它剥夺了欧洲国家通

漫画 5：欧元汇率不断滑落，欧洲中央银行做什么？

过本国货币贬值来稳定在世界市场的出口份额、降低日益增强的不平衡的可能性。此外，每个国家都被剥夺了用各自的货币政策对经济危机做出反应的任何机会。在这种情况下，旧的敌意很快就又显露出来，特别是当国民还通过财富损失和转移支付被要求做出牺牲的时候。

　　我们还必须总是将欧元和我们的金融体系联系在一起来观察，如已经描述的那样，这个金融体系已经是处于它的最后阶段。从这种发展中，能够认识一些具体的、通过欧元将会产生作用的危险。在此，我们有兴趣更进一步地考察欧元汇率的发展。

第十章
欧元汇率发展的骗局

"一个进一步的、小心翼翼的利息提升就能够成为使桶里的水溢出的那颗水滴。它将会使美国的经济景气出现骤降,它也会裹挟美元吗?我们不能肯定地预测,这是否会以及在什么时候发生。但我们知道,如果它发生了,那么世界将为之震动。颤抖着的日本经济发展趋势将突然被断裂;东南亚将被拖入第二次危机;中国经济也将会受影响。震动的波浪也不会在欧元国家前面止步;在外围国家中正好存在着泡沫。"

——约阿希姆·施塔巴提,国民经济学家

    自从单一货币创立以来,欧元汇率的发展,首先是对美元的汇率,是非常令人困惑的。开始时,欧元汇率明显地下降,然后,在几年后重又猛烈地上升。在接下来的章节中我们将看到,欧元的这种极端的波动和目前的"强势"并不是它自身的功绩,而是建立在更加虚弱的美元基础上的。

在1999年1月1日宣布欧元成为结算单位时,一个美元要值1.6欧元。可是,欧元汇率,同时也就是马克汇率连续地下降,到2000年秋天,一个美元几乎要兑换2.4个马克。欧元对其他国际货币的汇率如日元、英镑或者以后的瑞士法郎都出现了类似的下降。

专家们很快就变得不知所措,寻找越来越不合情理的理由来解释汇率的下降。一会儿是德国财政部长发表意见,然后又是当时的欧洲中央银行行长维姆·杜伊森贝赫没有决断力的讲话,这些都将单一货币置于压力之下。为了解释这个未曾期待的现象,专家们提出了一系列的理论。根据一种理论,欧洲在劳动力市场、税务和社会福利体系的改革方面处于落后的状态,外汇交易商们应该是用跌价来惩罚这种状况。新引入的欧元的这种汇率跌落当然意味着一个相当程度的形象损失。经常被声称的欧元下跌的另一个原因是政治家们同欧洲央行之间的争论。当时的联邦德国财政部长奥斯卡·拉方丹在 1999 年初就同欧洲央行进行了争论。可当时一个美元值 1.1 欧元稍多,欧元汇率要比 2000 年年中时的水平强得多。到了 2000 年年中,政治家们绝对不再继续对欧洲央行进行激烈批评,而汇率却进一步下跌了。由此表明,政治家们——跟他们自己的声称相反——对汇率没有过、也不会有重要的影响。另一种解释是从欧洲和美国的不同的经济增长中来寻找原因,可是这也不能对欧元的贬值做出有说服力的解释。在这里,对专家们来说最实用的是心理学理论,因为这种理论不是必须要用确凿的证据来加以论证,而是可以简单地声称,欧元之所以会疲软,是因为大家都相信它是疲软的。外汇交易商只是有选择地听那些要求继续贬值的信息,政治家们的相关意见被过于重视了。

有时候甚至出现从经济的角度来看完全错误的理论。有人曾声称,根据许多分析,美国货币政策的大幅度放松(降低的利率)将使得欧元重新变软。这当然是同通常的假定相矛盾的,一般认为美国的利率下降一定会弱化美元,因为这样一来,追逐利润的资本就会重新流向高利息的国家,比如说欧洲。看起来专家们总是这样恰当地为其所需地转变他们的论据,而不能提供一个简单的、有说服力的逻辑。这些失败的解释尝试说明了一点,那就是专家们对于不期而至的欧元贬值根本不能提供什么有说服力的解释。欧洲中央银行行长维姆·杜伊森贝赫甚至不得不承认,货币的监护者被发展问题搞昏了头。

欧洲中央银行身处困境

在 2000 年秋天,欧元的贬值急剧加速了。鉴于这种悲哀的境况,由当时的里士满中央银行行长阿尔弗雷·德布罗德斯首次公开提出疑问:这种年轻的货币是否能够生存?

在这种情况下,分析家和专家们也日益增强地被不安所控制。华尔街的大师拜伦·韦恩曾对 2001 年做过预测,他预言在 2001 年欧元会继续下跌,并会引起德国的动荡。

欧洲中央银行不得不面对来自各个方面的压力,要求它通过干预来支持欧元。投机家乔治·索罗斯也认为,国际外汇市场上欧元汇率的不断下跌只有通过欧洲央行的干预才能够被逆转。他还进一步警告说，远低于每欧元等于 0.9 美元的汇率有可能带来负面的政治后果。然而，恰恰这使得大部分中央银行的银行家们产生疑虑，因为，正是这个索罗斯在 1992 年已经通过投机打碎了欧洲货币联盟。他们担心，他想快速挣钱了。

许多经济学家同样要求欧洲中央银行出售美元储备。欧洲中央银行行长维姆·杜伊森贝赫不得不一再在欧洲议会面前激动地将这种共同货币的疲软称之为担忧。当时的欧盟主席罗马诺·普罗迪请求欧洲央行以及美国和日本央行共同为了欧元对外汇市场进行干预。同样，德意志银行的首席经济学家诺伯特·瓦尔特以及经济五贤人的前主席赫伯特·哈克斯也要求出售外汇储备以支持欧元。

美元——真实的问题

我们将看到，欧元和美元的汇率变化，表现的根本不是欧元的问题，而是它的"大兄弟"美元很久以来就已经受到冲击了。换句话说，美元是始终处于汇率崩溃的危险之中，美元汇率的这种崩溃最终也将裹挟着欧元，美元汇率的骤降会引起欧元联盟的崩溃。所以,世界范围的金融机构都热衷于尽可能地将美元维持在高位。

在关系到保护世界金融体系不至于崩溃,这一点最初在 1998 年秋天变得很清楚:1998 年夏天,由于卢布对美元的固定汇率瓦解,导致俄罗斯的外债大幅度升值,俄罗斯无力偿还债务。当时,整个金融体系处于崩溃的边缘。接着,美国的一家大的对冲基金破产,从而有可能使世界范围的、直接或间接参与这家基金的银行都陷入困境。美元很快就开始下跌,出现了资金逃离美国的第一波浪潮。如乔治·索罗斯后来描述的那样,整个体系面临着"核熔毁"(核熔毁,又称"堆芯熔毁",原指核反应堆失去冷却水后,燃料中放射性物质产生的热量无法去除,高温会令燃料棒熔化,这是核电站事故中最严重的事态。——译者注)的危险。当美元对马克的汇率低于 1.6 时,许多中央银行决定进行大规模的干预。从那天起,为了支持美元,所有的手段都被采用了。尽管有对"欧元的担忧",决策者们最终还是不愿意有上涨的欧元和下跌的美元,因为,大家都明白,这意味着我们的高度投机的金融体系的末日。

决策者们确实最担心欧元上涨和美元下跌,这一点从德国商业银行首席经济学家尤尔根·普费斯特的一篇文章中可以看得很清楚。他看到了美元崩溃的危险，并强调指出，美元的"阿喀琉斯之脚踵"（古希腊神话中海洋女神忒提斯和阿耳戈英雄珀琉斯的儿子，全身刀枪不入，唯独脚后跟是他的致命之处。现用于比喻唯一的致命之处。——译者注）是美国庞大的经常项目赤字。即使是美国也不能长久地以这样的规模超出自身的情况来生活，也就是说，吸取的产品比生产的多，或者更准确地说，在全世界欠债。他还进一步地认为，从中期来看，与一场欧元崩溃相比，他更多地看到的是美元崩溃的危险。

美国的贸易赤字——即将来临的美元崩溃的原因

贸易赤字意味着，一个国家进口的商品比出口的要多。为了在这种情况下维持进口的数量，这个国家就必须在国外举债，也就是说通过贷款来支持它的商品输入。比如美国，它的繁荣大部分是靠债务来支持的，这些债务被用于从国外进口商品。在这期间，美国的经济完全依赖于国民不断提高的消费。在消费下降时，销售就会崩塌，就会发生危机。推迟崩溃的唯一办法就是不断地在国外举债,并以此来支持国内上升的消费,而这又使得股价不断地上涨。这在国民中造成一种印象,好像在美国存在真正的经济增长,许多外国愿意将资金提供给美国经济使用。1999 年,美国的赤字就比上年几乎增加了 54%,达到了3390 亿美元的高度。这个金额已经是美国国民生产总值的 3.7%。到 2008 年,赤字几乎已经达到了 7%。当亚洲经济危机发生时,亚洲四小龙有过 3%的当时所谓的"天文数字的贸易赤字"。美国现在就已经有超过其双倍的经常项目赤字,而没有给市场造成特别的不安。但是,与亚洲危机相类似,发生一场强烈的美元崩溃只是一个时间问题。

如同在论述汇率的章节中显示的,出口和进口之间的缺口必须要通过美元的贬值来缩小。由此,美国的进口会变贵,而美国的商品对外国来说会变得便宜。所以,在自由的市场中,美元的贬值会自动消除所有贸易赤字。美国的金融机构美林资产管理集团在 1999 年发布一份研究报告,根据这份报告,为了平衡经常项目赤字,美元必须要贬值 40%~45%。当时美国的赤字要比现在小得多,美元价值也比现在低得多。所以,在此期间,美元是更加严重地被高估了。

甚至于国际货币基金组织也提出警告，要注意美国的经常项目赤字成为世界经济危机的催化剂。比如，国际货币基金组织的前首席经济学家米歇尔·穆萨就警告在新兴经济体中发生新的金融危机的危险。按照他的看法，这场裂变可能在短期内发生，它是由工业国的外部震动引起的。当对不平衡进行纠正时，世界上的最重要的贸易赤字，首先是美国的贸易赤字将会导致一场严重的金融危机。与股市崩盘相联系，这场危机肯定会击中新兴经济体。

决策者们对情况的严重性完全是了解的。这一点从纽约中央银行前行长威廉·麦克多诺所发表的意见中可以看得很清楚。他对美国不断增长的贸易赤字表示了担忧。但是，他错误地将危险的发生限定在一定的前提条件下，即如果人们对美元失去信心的话，如果不再存在其他的投资可能的话。由此，他得出结论：一种大幅度的美元汇率下挫是不太可能的，因此，世界的经济形势可以被认为是稳定的。

但这是一个很大的谬误：如果在世界范围内对资本来

说真的是不再有投资的可能性，那么这些资本就会从货币的流通中撤出。那就会发生通货紧缩和一场新的、猛烈的世界经济危机。那么就意味着同美元一起，欧元也会陷入困难的境地，并因为其内部的紧张关系而解体。所以，在这个体系什么时候会倾覆这一点上，美元是起着决定性作用的。

从美元衰落到世界危机

美国确实是处于一种两难境地：通过一个美元高汇率，经常项目的赤字在继续上升，国外债务迅速膨胀。可是，一旦美元开始下跌，肯定会出现一个恐慌性的资本外逃，这将毁灭美国的经济。所以，通过一个人为的高汇率来试图将资本保留在美国。只要在股市方面出现不稳定的情况，美元就会毫无征兆地突然向上。其危险在于，如果在美国的投资由于持续不断的汇率损失看起来不再是那么吸引人了，那么外国的资金就会很快地重新被抽走。这样一来，就无法长久地确保弥补经常项目赤字的资金。进口会下降，美国人必须限制他们的消费。通过一个通货紧缩的下降螺旋，这会引起一场衰退。而这又会对整个世界产生严重的影响。在欧洲，特别是在德国，出口会崩塌，因为不是以欧元，而是以美元计价的商品对于非欧元国家来说太贵了。出口的暴跌，特别是欧盟内部生产率较低的国家的出口的下降，会使得欧元区的紧张气氛升温。什么时候第一批国家被迫退出欧元，就只是个时间问题。然后很快就会以整个欧元体系的崩溃而告终。

可是，因为欧洲的经济发展只有通过强劲的出口才能得以保持，所以，在欧洲就会发生一场衰退。日本肯定也会崩溃，因为这个国家更加依赖于出口。随着日本的崩溃，整个亚洲都会倒塌。之前描述过的通货紧缩的下降螺旋将会发生。此外，在90年代，很大数额的日本资金被存在美国。如果现在美元开始下跌，那么日本的存款人就会不断地被迫提取存款，以便在美元汇率进一步下跌时尽可能地阻止汇率损失。可是，这样一种资金抽出，使得美元处于进一步的压力之下。此外，出于恐慌，大量的有价证券在股市被抛售。所以，美国的完全膨胀的体系是系在美元高汇率这根丝线上的。一旦美元汇率开始下跌，就会发生崩溃。

一场美元危机不可避免

如同在"美元——真实的问题"一节中已经论述的那样，从根本上来看，美元实际上是一种弱币。不是没有理由，从 2002 年欧元的低点以来，美元对欧元处于一种逐级回落的过程中，欧洲的单一货币增值了(参见图表 12)。

很久以来，欧洲的金融专家就告诫要注意外汇市场突

欧元对美元的汇率

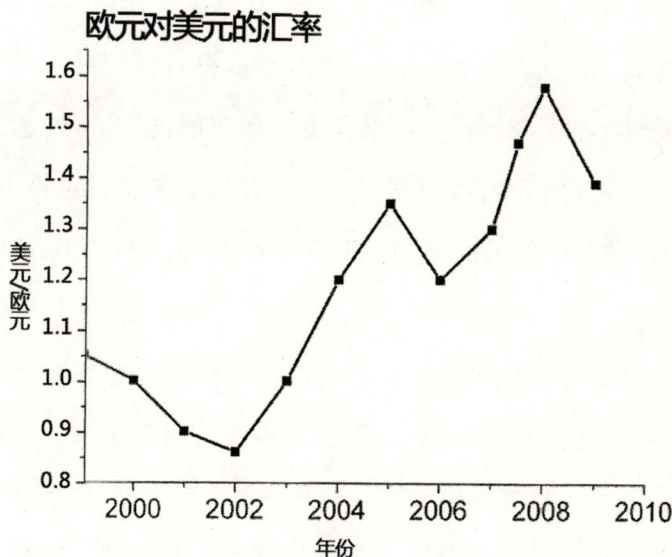

来源：德国证券

图表 12：欧元对美元的汇率

163

然波动所引起的不断增长的经济不平衡。在这方面，美元是主要的问题。如果发生一场与 1930 年类似的新的经济危机，那么，中央银行的干预也无济于事了。因为，在这个时刻，会有如此大量的资金逃离美国，以至于世界上所有中央银行的外汇储备也不足以将美元维持在它的高估的水平上。人们可以设想一下，在国际外汇市场，每天有 2 万亿美元被兑换。与此相对应，欧元区所有中央银行可支配的外汇储备的总价值仅有 2380 亿欧元。所以，欧洲中央银行，正如美国中央银行一样，根本没有机会对巨大的资金转移产生影响，更何况在美元崩溃的情况下，资金的转移会是现今正常交易额的数倍。德国联邦银行也指出，干预不仅仅毫无成效，而且还有可能加重外汇市场的压力。

欧洲的金融专家们也指出，为了追逐利润，在金融领域，世界范围的竞争日益激化，这提高了世界金融体系的风险，所以，世界金融市场的汇率将会以更激烈、更极端的方式波动。首先是美国不足的储蓄倾向和极端的贸易赤字会造成严重的总体经济不平衡。而汇率部分地与经济的强弱相矛盾。特别是美元被高估，尽管美国不断地提高它的外国债务。同样,欧元汇率也不符合实际的比价关系。美元的急剧下挫将会使我们的金融体系面临无法解决的问题。

如果这场不可避免的崩溃开始进行,首先是欧元将会经受一场严峻的考验。因为,资本从美国撤出,一个很大的部分会在欧洲投资,开始时欧元汇率会急速上升。当然,这些来自美国的资本不会同比例地在欧洲投资,而是每个国家受益程度会不同。不言而喻,这些资本的大部分会被投资于经济实力强的国家,而弱国只能分得它的很小的一部分。因为在这样一种情况下资金流是巨大的,从而使得由单一货币引起的欧洲的紧张局势更加严重,欧洲中央银行都无法加以干预。

这就提出了一个问题——欧元将向何处去。

第十一章

欧元毁灭之路的三种可能

欧元引入之后,有很多种可以设想的可能:

由于欧盟东扩而破产;

由于经济危机造成欧元体系骤然的紧张局面;

分崩离析的欧元体系中的强制"解体"。

　　这三种可能的出发点是一个使欧元陷入困境的、经济上的困难时期。这样一种经济危机的原因是在于我们的资本体系的错误,这一点我们已经在上一章节加以阐述。决策者们会对这场危机做出如何反应,还有待观察。

　　由于已经开始的欧盟东扩,欧洲的形势和负担还会变得更糟。

"3000 亿欧元相当于奥地利年经济产出的 80％。我们说，如果只要有 1/10 的债权没有被偿还，奥地利的银行立即就无法应付，国家不得不予以帮助，并大幅度提高它的负债。"

——《法兰克福汇报》，2008 年 11 月 5 日

欧盟东扩——破产前的欧洲

仅仅是为了把东欧国家带上欧洲的平均水平，就需要大量的资金。为了达到一个总体上合适的生活水平，立陶宛必须年复一年地花费它的近 1/3 的财政支出。由于这个国家不可能自行承担这样高昂的费用，欧盟，首先是德国必须给予帮助。对于成立至今的欧盟来说，看起来在这方面没有取得什么积极的成果。欧盟的一份研究报告显示，通过东扩取得的额外增长仅仅为 0.5％～0.7％。在这方面，增长的变化主要是通过 18 万从东欧迁移过来的劳动力所创造的。这些移民中的 2/3 是来到了德国。根据这份研究报告，即使在 22 年的有利条件下，东欧国家最多也只能达到欧盟的生活水平的 75％。

167

欧盟东扩的后果是很清楚的:除了要为消除欧元区的不平衡提供资金支持外,还必须为新的欧盟国家筹措大量的资金。所以,比如说自从欧盟开始东扩以来,对德国结构性落后地区,如新联邦各州的援助就被欧盟取消了。这样一来,德国支付给欧盟的净额就显著提高了。此外,劳动力的迁移通过下降的薪酬使得情况进一步地恶化。这又特别涉及工资水平(还)相对较高的德国。肯定的是,由于东扩,在欧元区,不仅仅成本,而且各种无休止的争吵都会大大增加。值得怀疑的是,没有政治稳定作为基础,一种货币是否有生存能力。

当 2008 年的银行危机波及欧洲时,充分显示了欧盟东扩对于整个欧盟,同时对于欧元将构成怎样的一种危险。很快就可以看出,欧盟的东欧国家的整个令人惊讶的"增长",只是以一种庞大的债务作为财政支持的,是根本不可能持续的。

经常项目赤字占国民生产总值的比例,爱沙尼亚达到天文数字 16%,立陶宛为 13%。同时,仅仅是爱沙尼亚的个人消费贷款在 2006 年就增加的 65%。波罗的海东岸国家全年经济产出的 38% 和可支配收入的 70% 是由此得到资金支持的。

在 2007 年,波罗的海东岸三国的私人债务又增长了 45%。

看到这些数字就不会觉得奇怪,首先是拉脱维亚 (Lettland)在 2008 年陷入了一场严重的金融危机。如果 没有欧盟和国际货币基金组织的资金的话,拉脱维亚就不 得不宣告破产了。

欧盟其他东部国家的情况也没有好多少:2007 年,保 加利亚的私人贷款的金额增长了 60.4%,在罗马尼亚,这 个增长率也达到了 55.2%。

在波兰也是同样的状况:2007 年,私人贷款上升了将 近 40%。在 2008 年 6 月,波兰私人家庭的债务总额为令 人头晕目眩的 2990 亿兹罗提(约 1000 亿欧元)。其中 12 亿已经逾期超过 60 天了。

所以,这些"样板国家"的增长是通过债务来支持的, 比如说,在 2007 年,私人债务上升了 60%,从中受益的零 售业,其 2008 年的销售额比上年增加了 15.7%。

鉴于这种没有节制的债务状况,在 2008 年投机泡沫 破裂后,欧盟的东部国家日益成为一个火药桶。因为给欧盟东部国家的贷款的大部分是由奥地利银行提供的，所以，整个奥地利也都陷入了危机的旋涡。奥地利不得不接受对它债券的不断的利息加价，因为金融市场担心奥地利会全面崩溃。在 2008 年，在奥地利 6140 亿欧元的债权中，有 2970 亿欧元（将近一半）的债权是流向东欧国家的。如果这些债权在激化的金融危机的过程中告吹的话，整个奥地利都会被击中。这显示了欧元是如何通过"外部的震动"，也就是经济危机而陷入困境的。

"BIZ（国际清算银行——作者注）预测，对当今不平衡现象的长期的不可缺少的调整，几乎必然地会带来汇率的巨大变动。欧元可观的升值是调整过程的一部分。如果在某个重要的世界贸易国家发生突然丧失信心的现象，那么，金融危机在未来依然会存在。"

——《金融时报》，法兰克福，伦敦，2000 年 5 月 31 日

经济危机中的欧元

这种可能的场景的出发点是，在欧元引入之后，发生了世界范围的严重的经济紧张局势，如 2008 年以来，我们

在银行危机的过程中经历的紧张局面。这种不平衡必定会对汇率和欧元体系的运转能力产生影响。

2008 年,世界陷入一场严重的银行危机。在它的发展过程中,这场银行危机也使得欧元的日子日益艰难。所以,所发生的正好是我们在之前的关于汇率缓冲器的章节看到的情况:面对外部的震动,欧元联盟的国家不再能够通过汇率贬值来实现稳定,紧张的局势与日俱增。这会有什么结果呢?怎么会发生银行危机的呢?这些问题将在本章进行论述。

银行危机中的欧元

当今的银行危机是我们的体系的直接后果。越多的购买力通过利息从消费中被抽出,就必须要刺激产生越多的债务,只有这样,才能给经济带来新的资金。这个体系能够运转,只是因为出现了若干的投机泡沫,并且,如果一个破裂了,还会有一个新的、更大的泡沫紧随其后。

为了理解银行危机,我们必须追忆 10 年前"人人都高度赞扬股票"的时期。

股票泡沫

在 90 年代,股票被强烈地求购,并被推荐给小的投资者。据称人们通过股票购买肯定能够获利,并且,这种情况会永远持续下去。借助于巨额的广告投入,在德国,德国电信的股票被标榜为"大众股票",并且以完全高估的价格(如后来证实的那样)被出售。

在美国,情况更加极端:在那里,几乎一半的国民被卷入股票投机之中。在对不断上涨的股价的期待中,越来越多的股票被购买,甚至于经常是用贷款购买。这些越来越大的股票贷款以及认为股票价值每年总能增长 20%、30%,或者甚至于 40% 的错误观念使得美国人觉得自己很富有,完全沉浸在消费的心醉神迷之中。只是通过这种消费陶醉和上升的股票价格,当时才避免了美国和整个世界的债务危机和衰退。

可是,股票的投机泡沫是要付出代价的——人们不可能脱离真实的基础,无限制地向上投机股票价值。股市价值和真实价值之间的差距太大了!当时,在全世界,企业的股市资本化比真实的价值增值几乎要快 30 倍。

到最后，小小的、高负债的网络公司以很高的价格被交易，甚至比包括飞机在内的整个航空公司还要值钱。比如在 1999 年底，EM. TV 公司以大约公司利润 100 倍的价格在证券交易所挂牌，市场价值为 70 亿欧元。这正好是德国汉莎航空当时的股市价值。两者的区别在于，EM. TV 几乎没有实物资产，而汉莎航空公司的飞机就大约值 60 亿欧元。在 1999 年 12 月，全世界的股票价值首次超过了全世界生产的产品价值。这个比例在 1997 年为 64％，在 1998 年为 42％。投资于股市的资金的数额也成倍地增长：1984 年，在美国，54 亿美元流入各种基金，1994 年这个数据为 1190 亿美元，到了 1997 年，投资于各种基金的资金总数达到了 2270 亿美元。

对这种发展的批评者在当时受到责备，认为他们是悲观主义者，是没有认识到旧的法则已经不再适用"新经济"了。

结果，这个泡沫最终在 2000 年破裂了。为了避免在美国出现一场衰退，美国中央银行开始大幅度地降息。这是下一个更大的泡沫的正式揭幕——房地产泡沫。

房地产泡沫

受优惠的贷款的推动，美国人开始购买房地产。此外，房地产领域的账面盈利构成了美国全国的消费狂热的基础。因为疯狂的需求使得房屋不断地获得"增值"，银行按上涨了的价格给房屋拥有者额外的抵押贷款。由此，作为贷款保证的经常是自己的四面墙，当然，这四面墙经常也是在赊欠的基础上建造的。只有通过这种不断的新贷款，大部分的国民才能够继续进行消费。在这期间，房地产越来越多地不是为居住而购买，而是退化为投机项目。

金融专家麦嘉华认为，当前在美国的最新的投资模式，或者更准确地说投资癖好，是涉及房屋的建造。在这方面，在很多沿海地区，特别是加利福尼亚和佛罗里达，其价格在最近三年中上涨了100%。根据一个在洛杉矶进行的民意调查，投资者们都认为在最近10年中，单户住宅的价格每年还将上涨22%。因此，在房地产方面，我们处于在2000年证券新市场（证券新市场是德国证券交易所于1997年3月按照美国纳斯达克开设的新的证券交易市场。它主要是为处于未来行业，如信息、生物和通信等的年轻企业提供通过股市来融资的可能性。——译者注）已经历过的类似的场景之中。不幸的结局是众所周知的。

整个"游戏"在继续扩散。专家们甚至估计，在此期间，全球70％的国家都处于房地产的投机泡沫之中。仅仅在最近五年当中，全球最重要国家的房地产的市场价格就从30万亿提高到了70万亿美元。

比如说，在莫斯科就有40％以上的房地产是为了短期获利而购买的。专家们已经谈论一场开始的投机泡沫。

在西班牙，房地产价格上升是如此之快，以至于越来越多的买主无法支付每月的还贷付款。在2005年，在西班牙几乎有75万间房子被建造。这个数字达到了一个新的纪录，它比这一年德国、法国和英国三国合计数还要大。房屋价格在最近的10年中翻了一番多，在最近20年中甚至增加了三倍。特别是相对于收入水平，更展示了这种发展的疯狂：在1987年至2004年期间，房屋价格比工资上涨快14倍。通过家庭的过度贷款，整个的状况还被进一步恶化。在这期间，债务总额超过了西班牙国内生产总值的70％。世界上所有著名的金融机构都对这种状况提出了警告。特别成问题的是，这些贷款都是以浮动利率被发放的。也就是说，每次提高利率，都可能立即使得广大的民众债台高筑。在 2004 年，国际货币基金组织就曾告诫要注意房地产价值的高估和突然的调整。一个正在破裂的房地产泡沫将毁灭整个西班牙经济，它的主要支柱就是建筑行业。

在中国，也出现一场危险的房地产投机——从附近的国家，资金流入各个大都市，寄希望于房地产价格的上升和中国人民币的升值。据估计，从 2002 年到 2005 年间，环上海的长江三角洲地区的房地产价格翻了一倍，在整个中国的省会城市，房价也上涨了 60％。仅仅在 2005 年的第一季度，在 35 个重要城市，房屋价格就攀升了 10％以上。

全世界大部分国家急剧上升的房地产价格清楚地表明了，经济秩序有些不太正常。因为，只有当房地产领域的价格与收入同步上升时，房地产的价格提高才会持续稳定。但是，如果房屋的价格比国民的劳动收入的上涨要快得多的话，就意味着对于中等收入的家庭来说，获取房屋的可能性就越来越小了。虽然，这些过快的上涨能够暂时地被抵偿，比如放松对房屋建筑的贷款发放，可是，它都是通过私人家庭过度借债的增加来换取的。

恒久不变的是尽管有贷款和抵押贷款的广告,房屋,如同其他商品一样,只能通过劳动来获得。其他的一切都只是在损害未来的情况下才行得通,或早或迟肯定会造成各种问题。只有当房屋被作为居住建筑购买时,房地产市场才是健康的。如果房地产购买的很大一部分是为了取得短期的投机赢利,那么,对于整个金融体系来说,就会产生明显的不稳定。

为了给市场继续加温,在美国,甚至于每周都会在不同的城市进行房地产交易会——所谓的"房地产财富博览会"。499美元一张入场券,参访者为房地产投机所激动。

"繁荣的童话"

在世界性的房地产投机中,德国是少数几个房屋市场没有过热运转的国家之一。为了使这里的民众保持平静,欺骗他们幸福就在眼前政府采取了庞大的宣传措施——繁荣的童话。

从2005年开始,几乎通过所有的媒体接连不断地宣讲,德国处于一场"巨大的繁荣"之中,这场繁荣很快就会惠及普通的民众。根据这些宣传,工业行业已经得到了太多的订单,因为人员短缺而以至于无法完工。

这种宣传是如此强烈,以至于批评的声音,特别是针对世界范围的泛滥成灾的投机活动的批评,在民众中不再能找到回应。

房地产泡沫的鼓吹者——房利美和房地美

在美国,首先是两家半国营的房地产融资企业房利美(Finnie Mae)和房地美获得了凄惨的声誉。在美国,银行发放贷款给根本不能提供担保的个人。有的人甚至于说,他们完全是被迫接受贷款的。对于美国的银行来说,当然也是非常容易从房地产泡沫中获益的:它们将这些贷款的债权转让给这两家半官方的房地产融资机构,而房利美和房地美则将单一的债务打包,作为"有价证券"卖给对冲基金和其他的融资机构。可是,这样一来,就不是如同声称的那样把风险广泛地分散了,而是在整个世界金融体系理下了一颗定时炸弹。因为,为了同样参与"美国奇迹",欧洲的银行会购买这些所谓的有利可图的证券。

房地产泡沫的破裂

如同每个有健全理智的人都清楚的那样,在几年之后,这种泡沫肯定是会破裂的。在 2006 年,美林资产管理集团的专家们就警告说,在 2007 年,存在着 40% 的可能性,由房地产泡沫的破裂使得世界经济陷入衰退之中。在这一年,美国经济增长的一半已经直接或者间接地来源于房地产价格的上升。2007 年初,最初是小城镇,然后全国的房地产价格都开始下跌。

这种发展很快就出现在全世界:2008 年中,西班牙私人住宅的出售数量比上年下跌了 40%。

同样的情况发生在英国:最初,价格每月下降 0.3%,但到了 2008 年 4 月,价格下跌了 2.5%。在英国,几乎不再有房屋的买主,许多的房地产都没有了销路。

由此,出现了一个引向银行危机的螺旋。出现了一个新的英语的概念,用来描述具有很低信誉的贷款——次贷(Subprime)。由于错误地投机于这种次贷债券,大量的银行破产了。

银行危机的开始

2007 年,美国投资银行贝尔斯登公司的两个对冲基金发生问题,因为它们被卷入次贷的业务之中。然后,在 2008 年 3 月,贝尔斯登面临破产,不得不在一项由政府推动的紧急交易中卖给了摩根大通银行,否则的话,整个金融体系将会陷入一场严重的困境之中。

在 2007 年 8 月,第一家德国的银行已经处于俯冲下坠之中。陷入债务泥潭的德国工业银行通过一个拯救行动才躲过了灭顶之灾。

德国联邦金融管理局前主席约亨·萨尼奥当时警告说,如果德国工业银行破产的话,就可能发生 1931 年以来最严重的银行危机。按照约亨·萨尼奥的看法,危险在于该银行的突然破产会"在市场参与者中引起不受欢迎的心理恐慌"。

仅仅两周之后,处于同样的原因,萨克森州银行濒临破产,不得不由储蓄银行集团提供 170 亿欧元的援助。

后来大家知道,这家最大的州银行陷入一个 800 亿欧元的投机泥潭中。仅仅西德意志银行就以 200 亿欧元之巨款卷入房地产投机之中。

到 2008 年 8 月,两家美国的房地产融资机构终于也走到了尽头,不得不被国家接管。这两家机构管理的债务高达 5 万亿美元,相当于 3.4 万亿欧元。

然后,在 2008 年 9 月中,有着 158 年历史的、属于美国五大投资银行之一的雷曼兄弟陷入困难的境地,因为它拒绝了国家的支持,不得不申请破产保护。

同时,美林集团不得不被美国银行所收购,世界上第二大保险公司美国国际集团同样身陷困境。

随着形势的发展,世界范围内的整个银行体系陷入艰难之中,在所有的国家中,都不得不给银行提供数十亿的资金支持。这场银行危机对欧洲,特别是对欧元的影响是毁灭性的。

银行危机对欧元的影响

银行危机对欧元区各国的冲击很不相同。首先是原来的弱币国家如西班牙、葡萄牙、希腊和意大利陷入了窘境。特别是那些如美国那样具有房地产泡沫的国家陷入了极其严重的困难之中。

由于对它们的国家债券的风险加价，所涉及的这些国家的利息立即向上攀升。如希腊、葡萄牙、意大利、西班牙和爱尔兰这些国家不得不为发行新的债券支付比德国高得多的利息。由此，欧元区的不同国家间国债利息水平的差异就越来越大了。

在2009年初，德国能够以3%的利率来销售它的10年期的国债，而希腊只有以6%的利率才能够在金融市场上为自己的国债找到一席之地。爱尔兰国债与德国的国债有2.5%的利差，也同样是很高的。与之不同，地中海国家意大利、葡萄牙和西班牙的国债利率大约比德国的有价证券高1.5%左右。

这意味着原来的弱币国家的经济状况日益黯淡。一方面它们要忍受房地产泡沫破裂之苦，另一方面，它们还不得不为膨胀的国家债务支付高额的利息，同时，不能够通过本国货币的贬值来改善出口的状况。在这样一种困境中，对于这些国家来说，"重获新生"的唯一出路是实施国家破产，以及被迫地退出欧元。

为了推迟破产，比利时经济学家保罗·德·格劳威在2009年建议，欧洲中央银行应该购买爱尔兰、希腊、西班牙的国债,以人为地支持这些国家的利率,降低它们的利息负担。

另一方面,在银行危机开始后,越来越多的国家想要加入欧元联盟。因为它们希望由此改善它们的状况。比如说,冰岛政府垮台后,那里的过渡政府要求尽快地加入欧元。

但是,这样一个步骤对冰岛毫无益处,恰恰相反,通过加入欧元区,这个国家会失去它的货币自主权,如同当年的弱币国家西班牙、葡萄牙和希腊一样,它将不得不长期与巨额贸易赤字共存,这种贸易赤字最终会重新将这个国家"弹出"欧元区。

欧盟针对危机的措施同样是值得质疑的:比如,当危机迫使越来越多的国家提高它们的国家债务时,欧盟委员会主席若泽·曼努埃尔·巴罗佐在2009年初表示,他将迫使具有赤字的国家进一步节约。可是,通过这种方式,他使得危机进一步加剧——不仅仅是因为这些国家不再能够推行独立的、适宜的货币政策,而且赤字惩罚迫使所涉及的国家进一步屈服了。

2009年初,意大利财政部长朱利奥·特雷蒙蒂、欧元集团主席让·克洛德·容克和欧盟经济与货币事务专员乔阿奎·阿尔穆尼亚建议,欧盟应该发行"欧元债券"。他们相信,欧元债券的发行能够减弱不同的欧元国家在债券利率方面不断加剧的差异。虽然,这个主意现在被德国的财政部长皮尔·施泰因布吕克拒绝了,但是,通过这种欧元债券,纳税人,首先是德国的纳税人不得不为生产率低的其他欧元国家埋单之事,只是一个时间问题。

这些建议清楚地表明了,面对危机欧盟是多么无助。不是想废除欧元,重新回到各国的、稳定的货币,而只是认为这些危机都会完全自行结束。

美国经济学家马丁·费尔德斯坦曾谈到欧元给我们的生活带来的另一个威胁:没有人确切地知道,在欧洲的征税权到底是如何约定的。原则上,欧盟可以征收自己的税收,由此首先是生产率高的国家如德国和它的国民被加重负担。这将为更大的收入再分配大开方便之门。

不过,仅仅是过度负债就将使欧元陷入困境。

第十二章
国家破产——面临瓦解的欧盟

欧元国家不断上升的新债务日益发展成为摧毁欧元工程的额外的弹药。为了获取民众的信任，在 1997 年还签署了《欧元稳定公约》。根据此公约，欧元国家的新增债务最多只能是它的国内生产总值的 3％，并且，国债总额不能超过国内生产总值的 60％。

在欧元的引入阶段，很多国家只是通过会计做账的技巧才能克服公约设置的障碍，实际上已经严重地违反了这个公约。自从 2008 年经济危机波及整个欧洲以来，这些国家的国债更是无止境地增长。

因为欧洲的财政赤字几乎上升到了国内生产总值的

5％,欧盟国家几乎不再有资金,通过进一步的银行拯救和景气一揽子方案来对抗经济危机。对于 2010 年,欧洲中央银行甚至于估计欧元区的债务还会更快地增长。根据这个估计,欧元国家的大部分,即 16 国中的 10 个国家无法遵守债务规则。在这方面,新增债务以极端的规模扩张:它从 2008 年占国内生产总值的 1.7％上升到了 5％。爱尔兰和意大利是新增债务方面的可悲的领先者。对于爱尔兰,欧洲中央银行估计,到 2010 年,新增债务肯定会占到它的国内生产总值的 1/4。在意大利,情况会更糟,在那里,已经有这样的担忧:负债总额迅速膨胀,会达到年国内生产总值的 110％。由此,完全过度负债的国家很可能会退出欧元区。

各国持续上升的国家债务的最终归宿是什么,这一点也是很清楚的——国家破产。可是,因为不再存在各国的货币,所以某个国家的这样一种破产就不是仅仅局限于这个国家,而是会对所有的欧元国家产生影响,正如一个坠落的登山者会把所有系在一条绳上的朋友拉向死亡——如果这些朋友无法抓住他的话。

一个贫困区域的迅速形成将是其必然的后果——而出现的动乱经常会促使决策者采取暴力的解决手段。

第十三章

即将来临的欧盟独裁专制？

"在 1992 年，我第一次接触到政治局和中央委员会的秘密文件。在它们产生 30 年后的今天，这些文件仍然是密件。这些文件清楚地证明了，将欧洲从一个单纯的共同市场转变为中央集权国家的计划是基于欧洲左翼政党和莫斯科之间的约定。"

——弗拉基米尔·布科夫斯基（Wladimir Bukowski），

2007 年 3 月 9 日

欧盟作为苏联的继承人？

苏联最著名的持不同的政见者弗拉基米尔·布科夫

斯基（生于 1942 年的布科夫斯基是一名作家、政论家和神经生理学家，他与萨哈罗夫和索尔仁尼琴同被视为最知名的苏联持不同政见者。——译者注）曾将欧盟和苏联进行比较。在苏联，他作为持不同政见者在监狱里度过了很多年。他在 2001 年就曾自问，欧盟是不是走在通往独裁专制的道路之上。他看到欧盟和苏联之间很多明显的类似之处，因为这两者都是从许多不同国家的联盟产生的。当时，苏联被 15 人所统治，这些人不是由直接选举产生的，而在欧盟的高层，也是由大约 24 名非直接选举的人掌握着欧盟的控制权。此外，在苏联，理论上每个国家都可以退出联盟，如同今天的欧盟，但实际上并没有这方面的实际操作方法。在这两者中，布科夫斯基都看到了社会主义的腐化堕落。这两个联盟都只能通过不断的吸收新的成员来维系自身的生存。这也是为什么欧盟在不断地扩大，尽管这从经济的角度来看是毫无意义的。按照他的看法，欧盟的最初设想是一个自由的市场，而不是废除民族国家的国家联盟。但是，根据布科夫斯基的分析，在 1985 年，这种最初的设想发生了变化。按照他的观点，1989 年的政治转折是有计划地虚构的，为的是之后在一定程度上将欧盟转变为支持社会主义苏联的"增援部队"。可是，这一切都失败了，因为人们不愿意要社会主义的领导人，所以，苏联灭亡了，社会主义的欧盟工程残留了下来。现在，对于欧盟，布科夫斯基估计会发生与官方宣传正好相反的现象。官方的宣传称，为了避免争吵和战争，我们需要欧盟。而他预计，正是通过欧盟才会发生分歧和争执。同样，国家之间的差异不会有所缩小，反而只会扩大。正因为这样，苏联的民族冲突比世界上任何地方都要多。通过欧盟，我们不是更加独立了，而是更加贫穷、更加没有能力、更加被过度地调整，更加依赖美国了。此外，布科夫斯基还预计，为了弥补不断增长的欧盟费用，会征收一种全欧洲的税收。布科夫斯基认为，最糟糕的是，欧盟会使得许多的基本权利受到限制。将会有可与克格勃相类比的欧洲警察，他们可能会得到不可思议的广泛的权利。他们甚至拥有豁免权，也就是说，即使法律也无法追究他们的责任。对于欧盟的官僚们也许还会有无限制的权力，允许他们在任何时候不经过法律的审核任意将人流放。他认为，这个欧盟最终将会破产，而这必定会引起经济的动乱，造成国家之间的仇恨。此外，布科夫斯基觉得欧盟在政治上要比苏联弱很多，因为，欧盟只是由官僚，而不是由独裁者来操控的。

　　不管这个政府批评者的命题是否正确，无论如何苏联和今天的欧盟之间的类似之处是非常有意思的，这就是显然只有通过不断增加的规定以及对自由和基本权利的剥夺才能把这种联盟粘牢在一起。

捷克总统瓦茨拉夫·克劳斯

　　通过捷克总统瓦茨拉夫·克劳斯，布科夫斯基的命题也得到进一步的证实。2009 年初，在布鲁塞尔的一次面对欧盟议员的讲话中，克劳斯对欧盟和共产主义的经济联盟——经济互助委员会进行了比较。对他来说，欧洲的一体化走得太远了——布鲁塞尔把太多的权限揽在手中，欧盟的权力变得比市场更重要。当今的欧盟决策体系是有些不同于传统的议会民主体制。在欧盟议会中，始终只有一条路线被贯彻。"如果谁要是考虑其他的可能性，就会被看作是欧洲体系的敌人。"克劳斯这样说道。

　　如他所说的那样，这一切都让他回忆起不幸的社会主义的年代："我们有过痛苦的经验。哪里没有反对派，哪里的自由就会被损毁。"所以，"欧洲议会和布鲁塞尔应该将许多权限归还给民族国家"。

按照克劳斯的观点，欧盟应该将自己的职权限制在内部市场和公共产品的共同保障方面。欧盟的目标必须是自由和幸福。他说："必须经常地指出，欧盟现今的经济体系是一个被压制的市场体系，是一个不断加强对经济的集中控制的体系。"金融和经济危机的原因也不是什么市场的失误，而是因为对市场的政治操控。20名左翼的政治家离开大厅对这个讲话表示抗议。由此，捷克总统证实了欧盟与苏联中央集权体系的相近之处。如果人们关注《欧盟宪法条约》的相关事件以及它的非民主化的产生过程，那么就会更加充满疑虑了。

"基本法第23条第1款规定的，在加入欧盟时必须被尊重的基本法的结构性原则失去了价值。按照德国的宪法，德国不可以成为这样一个联盟的成员……

这是一个新的授权法的尝试。在战争时期，或者在面临直接战争危险时，但是也在'合法地镇压暴动或者起义时'，这个条约使得死刑重新成了可能。几乎没有人认识到这一点。否则的话，我们的议员们肯定不会那么热情地投赞成票的。"

——阿尔布雷希特·沙赫特施耐德，

宪法专家，《世界报》，2007 年 3 月 28 日

"比照欧洲的通常情况，这是一个匆忙的过程：在周五早晨将近一点钟，欧盟的国家和政府首脑们在里斯本就新的欧盟条约达成了一致意见，开始举杯庆祝。这时，包括一顿共同的晚餐在内，他们刚刚坐在一起七个小时。领导人们经常就以前的条约修改通宵达旦地争吵，直到所有在场的人都完全精疲力竭。"

——《法兰克福汇报》，2007 年 10 月 20 日

《欧盟宪法条约》

当 2004 年《欧盟宪法条约》以集中制的方式被决定时，显示了欧盟是多么地缺乏民主。可是，欧盟宪法的引入却失败了，因为 2005 年 5 月 29 日法国的全民公决和 2005 年 6 月 1 日荷兰的全民公决否定了这个宪法。在这之后，这个项目没有被暂时搁置起来，而是被修改并更名

为《欧洲改革条约》。如此这般，以另一个名称这个条约应该可以容易通过些。当时，只是在爱尔兰预定还要进行一次全民公决。这次全民公决同样失败了。

为了使这个条约确实不经过讨论就被接受，条约放弃了类似国家象征的东西，如欧盟自己的国歌和国旗，为的是让各国政府可以向它们的对欧盟抱怀疑态度的国民说，这只涉及一个"正常"的条约修改。爱尔兰政府也预先表示，要尽一切努力，赢得大众对条约的支持。

尽管如此，这个条约文本在爱尔兰还是被拒绝了。

这样一个宪法应该是在欧盟全体国民公决后才能加以实施的，即使抛开这一点不说，那在两次失败的启动后，按照民主的规则，这样一个文本也应该被彻底废除。可是，就在爱尔兰失利一天后，政治家们就要求人们忽视都柏林的决定。所建议的可能的解决办法是为爱尔兰搞一个特殊的规则，而在其他的欧洲国家这个条约将如计划的那样被实施。

如果仔细地推敲这个改革条约，那么就会显现出真正具有争论性的东西。首先是可以看到，这个条约跟民主或者跟法治国家没有关系。连联邦总理安格拉·默克尔也承认："现在被签署的这个条约是一个最不可理解的东西。"

在条约的准备阶段，意大利总统乔治·纳波利塔诺就曾在锡耶纳的一次新闻发布会上说："那些反对欧盟的人就是恐怖分子。设想欧洲超级大国的多样性就是心理上的恐怖主义。"联邦德国总统霍斯特·克勒没有比这好多少。他把欧元怀疑论者的宣传措施描述为"平民主义的、煽动性的宣传活动"。

此外，由于这个条约不允许公开发表，所以在欧洲不可能对它进行民主的讨论。欧洲理事会决定："……在所有 27 个成员国同意这个条约文本之前，欧盟的任何机构都不允许印刷和发表《欧盟改革条约》的合并的和可阅读的文本。"用另外一句话来说就是：在欧洲，对没有人认识的东西进行了表决。

另外，条约中的几个非常有疑问的规则让人更容易想起苏联，而不是联想到一个民主的国家联盟。对此，德国生态民主党指出：

欧洲的权利有着绝对的优先权。甚至于联合国宪章或者其他的国际协定也不能置于其之上。由此，德国的基本法以及在基本法中被确定的德国公民的一系列权利受到了限制，并且只有在不与欧洲权利相冲突时才能有效。

所以，这样一来，基本法被废除了，而这本身就是违反宪法的。

欧洲国家的政府首脑（欧盟委员会）被授予全权，可以通过决议，随便对这个条约进行修改（"通过欧盟的工作方式对索引或者部分规定进行修改"）。虽然要倾听欧洲议会的意见，但欧洲议会不能参与决定。

这样一来，被表决的是随时都可以任意修改的东西，而且对于这种修改，不需要进行一个新的表决。由此，法律性的东西能够通过政府首脑们的突然决定而被修改。

死刑重新被引入，适用于战争的情况和"在面临直接战争危险时"。但对于什么时候是战争情况，什么叫作"战争危险"，并没有做准确的定义。

在"暴动和起义时",为了"合法地对其进行镇压",死刑也是允许的。

每个欧盟国家有义务改良装备。

要设立固定的欧盟军队,也就是说,要驻扎在各个欧盟国家。它可以在欧盟内部被投入,包括对付欧盟的公民。

为了"防止冲突和克服危机",《里斯本条约》允许军事行动。"为了保护欧盟的财富,为了服务于欧盟的利益",比如说,为了保护石油来源,可以实施军事行动。对此,欧洲议会仍然没有裁决权。

在未来,欧盟的一个委员会不但要接管军事领导权,而且也要接管政治领导权。而这个委员会不是通过民主选举产生的。欧洲议会最多只需要被告知这些军事行动。

没有任何法院能对外交和安全政策进行审核。

"年长者"有参与社会和文化生活的权利,但没有参与政治生活的权利。这包含比如说剥夺他们的选举权的可能性。

通过一纸欧洲的逮捕令,会出现这样的情况:人们会被引渡到欧洲的其他国家,即使他的行为在自己的国家是不违法的。

总而言之，这是一个在欧洲的非常令人担忧的发展，这种发展让布科夫斯基的命题出现在一道现实的光线之下。

欧盟的官僚主义庞然大物压制着人民

总的来说，欧盟越来越发展成为一个完全的官僚主义的怪物。在欧盟中，各种决策都是在没有民主监督的情况下，在一个很小的圈子里被做出的。

很少有人知道，在今天，我们的法律的大部分已经不再是在民族的议会，而是在欧盟委员会被确定的。根据司法部的统计调查，在 2008 年，的确有 84％的在德国颁布的法律是基于欧盟委员会的规定。两个突出的例子就是禁止吸烟和广泛的数据保存。这两个法律正是违背德国大多数民众的意愿而被颁布的。

没有经过民主的合法性确认，而被强加给各国的另外两个例子是欧盟的悬浮微粒规定和水规定。

197

没有意义的悬浮微粒规定

例如,2005 年颁布的所谓悬浮微粒规定,就说明了欧盟是已经如何深入地介入各种国家的事务中。

在这方面,极限值是不切合实际地被定得如此之低,以至于实际上每个大城市都肯定会超过它。可是,悬浮微粒的大部分(约 42%)是来自工业设备,25% 是来自取暖和发电厂,只有近 25% 是由交通引起的。在交通中,大部分悬浮微粒又是由轮胎磨损或者街道灰尘的飞扬造成的。只有很少的一部分是直接来自废气的排放。欧盟不是尝试直接解决环境问题的根源,比如说让工业和发电企业承担责任,而是对所有没有对汽车交通采取措施的国家和城市实行违约罚款。而汽车交通恰恰是这种弊端的最次要的原因。

这些城市应该做的最好的事情就是建立"环保区域",在这个区域内,只有较新的汽车允许通行。可是,悬浮微粒的大部分恰恰是由新的汽车发出的,而老的柴油车确切地说只是排放粗糙的炭黑。但这个事实并不妨碍欧盟的主管们去实施欧盟的那些瞎折腾的规则。至少汽车工业会对此感到高兴，如果由于很多市民现在必须购买新的汽车而使得它们的长年库存减少的话。

可是，欧盟对各国国民的压制才刚刚开始。

欧盟关于水的规定

2007 年，欧盟委员会表示赞成在水供给领域的一个改善的价格政策。欧盟当局要求，"消费者水费的基本收费标准应该有所规定，不管这水是从哪里来的"。听起来好像并无恶意，但这却意味着所有水的使用在原则上都是要付费的。哪怕一个农民只是从一条小溪中取了水，他也已经有义务付费了。如果各国继续向农业提供免费的灌溉用水，欧盟的违约惩罚就是一种"可能的选择"。这种选择权允许欧盟委员会将整个国家置于困境。

仅仅是这两个例子就已经很清楚地说明，欧盟的官僚主义是如何不断地介入我们的私人事务中。此外，国民通过民主的选择还无法回避这些祸害。

再加上，欧元危机很快会使得现金完全被废除，这样，"欧盟怪物"就会更加实现对每个公民的控制。

漫画 6:您的数据踪迹

　　"我们决定一些东西,然后提交到房间里,等一段时间,看看会发生什么。如果没有太大的议论和反对(因为大多数人根本没有理解到底决定了什么),我们就继续向前走,一步接着一步,直到无法回头。"

——让·克洛德·容克,卢森堡首相

谈论关于欧盟的民主政治状况

信用卡和转账货币——通往监控国家和完美专制的道路

在今天,在政治和经济界,要求使用电子货币或者卡币的呼声在不断地增长。这种支付方式被描述为特别现代的,而常规的纸票和硬币则被诋毁成是过时的和不方便的。在这里需要提问的是,这种假设确实是言之有理的吗？卡币是否确实是一种进步还是宁可说是一种危险呢？

不安全的功能

当你的银行取款机故障了,或者因为计算机无法与结算中心取得联系,你未能成功地在银行窗口付款的时候,你也许就已经体会到了现金有着怎样重要的意义。在几年前曾经有一次,德国银行的整个支付系统就因为一个计算机错误而陷入瘫痪,由此暂时造成 350 亿欧元的资金不能按时支付。仅仅是通过这样一个单独的缺失,就有可能迅速地发生伴随着银行倒闭而产生的流动性短缺。在这样一种情况下,你既不能汇款也不能支配你的财富。这时,真正的货币和由货币产生的债权之间的区别对每个人

201

来说就都是一目了然的。口号依然还是："只有现金才是真实的。"货币债权始终是二等的支付手段，具有很大的风险。所有类型的电子货币、网络货币或者总的记账货币总是或多或少地容易产生错误的。如果突然断电了，或者一种电脑病毒侵袭了网络，那会是怎么样呢？只是因为人们信赖一种所谓的现代支付手段，结果无法进行支付。

到底谁能够保证非现金流通的安全？恐怖主义研究专家瓦尔特·拉克尔的一篇文章表明，通过依赖于计算机运转的电子货币，我们使自己陷入了怎样的依赖和危险的境地。他指出了一个复杂化的社会在遭受恐怖袭击时所面临的风险："如果恐怖分子成功地封锁或者甚至于摧毁了我们的日益复杂的、联网发展的计算机体系的总机或者控制中心，那么，有可能会使我们的社会生活数天、数周或者在严重的情况下数月陷入瘫痪。"他提醒人们注意过去的经验教训："遗憾的是在历史上存在一个法则，即所有在人类思考的境界中作为可能而产生的东西，在某一天也会转换为现实。"在这方面，为了摧毁一个国家并不需要很多的投入："人们需要的只是四到五个，最多六个具有技术知识的人员、一些购买相关材料和设备的资金，无须精心完善和密谋的结构,恐怖活动就能够被组织起来。"战略和国际问题研究中心(CSIS)(战略和国际问题研究中心是一个位于华盛顿的独立的智囊团。它于 1962 年作为跨党派的机构被成立,侧重于对美国外交政策的研究。——译者注)的一份研究报告得出这样的结论:通过摧毁计算机网络(和支付流程),10 个出色的黑客再加上 1000 万美元就有可能使美国屈服。如果这种打击在更广泛的范围内被实施的话,整个世界都可能突然被摧毁。出于这种原因,人们最好还是远离这些"现代支付手段"。然而,还要更严重的是存在着一种危险,即通过这样一种货币使得我们的自由完全地丧失。

自由的丧失

风险在于,所有电子的付款过程都能够被控制和监督。在任何时候,包括在事后,都能够确定,谁在什么时候在什么地方以什么款项购买了什么。由此,能够制成准确的用户档案资料。借助于这些档案资料,每个人都能够准确地被掌控。同时也有可能关闭体系批评者的账户,以此来对言论自由施加压力。全世界都在努力地以非现金的体系来代替现金。特别严重的是银行借记卡和信用卡的使用，因为这样一来，所有购买的过程都被集中储存，从而使顾客处于完全的监控之下。开始时，人们依赖于强大的广告攻势，以使"现代的支付手段"受到民众的喜爱。其效果是，到1999年底，德国平均每个居民拥有一张银行借记卡或者具有支付功能的其他卡。在一年之内，这类卡的使用增加了19％。一个让国民相信电子卡的进一步的努力就是青少年保护。以限制青少年购买香烟味为借口，联邦议会中非吸烟者保护行动计划的成员想要迫使议会中的烟草工业将它们的自动售货机转换为一种新的、非现金的系统。可以设想为此还要引入特殊的电子卡或者使用银行借记卡和信用卡。当然，看起来几乎没有居民会担心通过使用借记卡、电子卡或者信用卡给了银行什么样的权利。联邦数据保护专员约阿希姆·雅各布曾指出，充值卡也会使个人受到系统的监督。使用者会留下时间、地点和付出的金额等数据踪迹。这些数据会被保存很多年，按一下键盘，就可以制成每个卡使用者的确切的行为档案和采购档案。数据的踪迹还会导致其他的问题：谁要是定期在一家名贵的时装店采购，或者在奢侈的、被黑手党作为洗钱设施的客栈过夜的话，那么他很快就会作为犯罪嫌疑人在警察局挂上号。

监控威胁到每一个人

许多同时代的人受这样一种看法的影响：谁没有干坏事，他就不用怕被监控。可是，这是一个危险的谬误：到底是谁在定义什么是危害国家的行为，什么不是？ 正好是那些经营监控网络的人。如果生活状况变得如此郁闷，以至于颁布了法令，规定每个人都必须将他的最后的财产交给过度负债的国家，那又会是怎么样呢？ 那么，每个没有遵守这些法令的人，也就是每个不准备为国家债务献身的人就都会被看作是危害国家和违法犯罪的。到底谁能够说，"违法犯罪"这个概念总是如今天这样理解的？ 也许为了确保支付债务利息，将来有那么一天，每个人都会被判处强制劳动，不再能够逃避。如果比如说黑手党通过他们的庞大的帝国获得了监控网络的权利，每个人都必须缴纳"保护费"的话，那又会怎么样？ 一个历史经验教导我们，能够被滥用的东西，总是会在某个时候被某人以某种方式滥用的。一旦出现这种情况，再想要回复到以前是不可能的,因为这种在任何时候任何地点对每个人的统治权力是具有绝对的地位的。非常令人担忧的是,现金的使用受到越来越多的限制。比如法国以反对洗黑钱为借口,在 2000 年 5 月引入了一条法律。根据这条法律,商人之间现金支付最多为 750 欧元,而私人之间的现金支付则不得超过 3000 欧元。所以,以非现金货币为基础的监控国家的发展是非常危险的,最后它可能很快地以一个完美的专制统治而告终。对于这种专制统治,任何的反抗就都不再可能了。

必须拒绝非现金的体系

所以,对未来的、稳定的货币的一个重要的要求就是匿名。在这方面,现金是迄今为止的唯一实用的货币形式。它不仅能够安全地发挥作用,而且保障每个人的自由。出于这个原因,所有以记账货币为基础的、看起来可能的选择都必须被拒绝。尽管非现金的支付往来会给某些人带来方便,但彻底地废除现金是非常危险的。你希望在一个始终被监控的,一旦你履行你言论自由的权利时,你的账户就会被封闭的国家生活吗?而且,这种体系是如此敏感，计算机网络的一个小小的差错就会威胁到整个经济和你的财产。你只是为了所谓的"现代支付手段"就想要这些东西吗？现金意味着自由，纯粹的记账货币意味着国家的压制和监控！伴随着欧元不可避免地会出现的各种问题也许会为完全废除现金开辟道路，这对每个公民所产生的影响是无法估量的。基于欧元本来就会带来的明确的危险，我们不禁会问：单一货币到底会在多大程度上威胁到我们的整个生活水平。

第十四章

欧元——我们生活水平的威胁

对于你的财产，欧元是一个不可低估的风险。如同已经描述的那样，危险存在于欧元区国家之间的不同的经济发展速度。特别是在一个危机性的环境里，欧元区会崩溃。在欧元被创立以前，已经存在针对各种欧洲货币，如意大利里拉、西班牙比塞塔和芬兰马克的投机活动，比如在俄罗斯危机的初期。各国中央银行不得不借助于友好的商业银行的帮助来对此进行干预。但是，之前能够通过汇率加以调节的东西，现在由于单一货币体系就不再可能了。所以，已经存在的紧张局势就会变得更严重。在这方面，许多国民根本就没有意识到，由于这个经济上的错误变化，他们自己的财产处于危险之中。

所以，欧洲中央银行表示，欧元使得银行们对其他国家引起的震荡更敏感了。特别是价值4000亿的银行间无担保的金融契约是一个巨大的风险。再加之,越来越大的银行运作越来越高的金额。由此,与欧元赞同者的承诺相反,通过欧元,你的储蓄的安全性被削弱了。一家大银行的倒闭会引起一股银行倒闭的浪潮,在这种浪潮中,你的整个的资金都会失去。

即使是没有经济危机直接威胁财产,欧元也会明显地降低通常的生活水平。德国的国民同时会遭受两方面的负担:一方面是高额的转移支付款项,另一方面是由于来自落后地区的劳动力的迁入。本土的国民不得不同这种便宜的劳动力相竞争,其结果是工资严重地受损。由此,仇外的情绪会被熊熊点燃,由转移支付款项引起的税收负担则起了火上浇油的作用。国际劳工组织(ILO)在一份2000 年的研究报告中指出,全球化过程中不同类型国家的日益加强的联系不会引起移民潮的减弱,反而肯定会导致移民潮的增强。因为,资本对落后地区的流入不足以创造足够的工作岗位和相应的富裕。此外,通过不可阻挡的资本转移,货币的统治地位得到了加强,由此,加速了欧洲的财富集中。民众生活水平的降低和贫穷的扩大是不可避免的。欧洲中央银行首席经济学家奥特马·伊兴就曾指出,在汇率被废除后,每个国家对变化了的经济状况的调节就只能通过工资来进行。也就是说,工资可能会降低。考虑到建立一个转移支付联盟的呼声,这整个的货币联盟有可能——也许在一年后——遭受威胁。所以,财产的保护措施是不可缺少的。

第十五章
黄金货币
——欧元灾难性的继任者？

越来越存在一种危险,那就是在世界范围的金融危机以及随之而来的欧元崩溃的过程中,有可能回复到一种实际上已经被废除的货币模式——金本位制。金币也是一种设想的选择。可是,这两种货币模式对我们同样都是不合适的。在下面,我们将其统一称为黄金货币。对货币的信任越被动摇,就会有许多人更加希望重新拥有一种臆想的黄金货币。但这只是赶走小鬼招来阎王的做法。

比如说,为了解决各种问题,巴克莱银行的首席经济学家托斯滕·波列特就曾建议采取这样的一种措施。黄金是"稳定的",很多人尊崇格言,坚信黄金的价值:"这样,货币终于又有了一个价值。"或者,"我的祖母就已经说过,黄金始终是有价值的。"仅仅从这方面来说,乍一看,黄金货币显得很好。而大部分人几乎都不知道,建立在黄金基础上的货币只会比当今的纸货币体系更加不稳和更糟。

因为,一种世界范围的金本位制的问题几乎是同欧元相同的:在这种体系下,汇率缓冲器被废除,所有国家都失去它们的调节机制。由此产生的紧张局面最终会将这个体系带向崩溃。黄金货币的各种论据都是错误的。

现在,有人宣称,通过黄金货币,就不再存在国家债务了。可是,如以往历史所展示的那样,恰恰在金本位制的

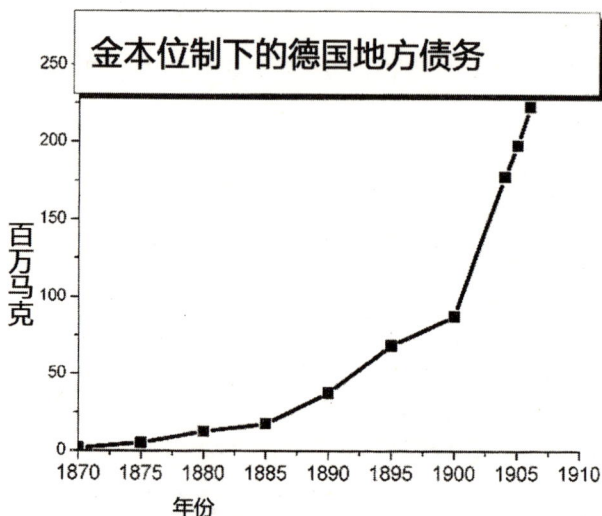

来源:古斯塔夫·罗兰《政治经济学体系》第 3 卷,1908

图表 13:金本位时期地方债务的急剧扩张

时期是借贷的高峰（参见图表 13）。

金本位根本不能刹住国家借贷。它只不过是把纸币的债务计价折成了黄金。同样，金本位也不像不断声称的那样能够阻止战争。

正好相反，1873 年的金本位制通过广泛的贫困为第一次世界大战奠定了基石，而 1924 年的金本位制则造成了世界经济危机，并最终导向了第二次世界大战。

黄金货币意味着——没有黄金＝没有货币＝贫穷

黄金货币和金本位制不能解决任何问题，反而能制造新的问题。问题首先在于，世界上的大部分国家根本没有或者只拥有很少量的黄金。不管是黄金货币还是金本位，都将迫使大部分国家从少数的黄金拥有国那里，以它们开出的条件和相应的高利息去筹借黄金。不言而喻，这个数目必须始终存在并且会保持在越来越高的水平。所有我们今天通过利息机制的负担所遇到的问题，在黄金货币和金本位制下只会进一步增强，因为筹集黄金还需要额外的资金。

今天，如孟加拉国这样的贫穷国家还可以通过纸币，用很少的投入来设立自己的货币，以确保国内的商品流通。如果它为此需要黄金的话，这种国家该怎么办？

黄金货币符合逻辑的结果就是全世界的更广泛的贫困现象。黄金货币的时期也总是大众贫困最严重的时期，这不是没有理由的。这是童工、16 小时工作日、低工资和痛苦的时期。

然而，黄金货币带来的问题还远不止于此。

黄金货币意味着——国家之间不再有货币缓冲器

如果所有国家都依赖于黄金，并将其货币数量固定地同黄金数量相捆绑，那么就不再可能有适合的货币政策，所有的一切都取决于黄金价格。我们可以借助于最近几年的金融危机来探究它的结果：不管是亚洲危机、俄罗斯危机还是阿根廷危机，其问题都是以汇率缓冲器的缺失开始的。

不同的国家需要不同的适合自己的货币，而不是挂到金链子上。

我们这个时代最大的问题无疑是要将货币和利息分离。通过新的金本位制不可能达到这一点。

黄金货币始终是利息货币的一种形式

利息货币的问题在于债务成倍地增加。最后，为了能够支付资金成本必须继续借贷。但是，黄金货币绝对不是一个更好的解决办法，因为它始终是利息货币的一种形式。如果谁认识到了，每种利息体系从纯粹数学的角度可以导向极值，那么他肯定也会看到，黄金同样不是一个解决的办法。黄金能够无限期地储藏，不会腐败变质，所以没有"奖励"的话，没有人会自愿地无息地将黄金借给他人。

比如说，为了购买必要的机器设备，一个实业家需要一笔贷款。所以，他去富有的金币拥有者那里，借了1000金塔勒。这个金币拥有者当然会要求一笔丰厚的利息。因为他知道，他的黄金还能够长久地待在他的保险箱里，而实业家则是焦急不安，迫切地需要资金。所以，不言而喻，金币所有者能够不做任何事情就勒索一笔利息。

黄金货币体系就是按照这种格式运行的，由此，构筑起越来越多的黄金债权。正如我们当今的体系，这种黄金货币体系同样会失败。两者只有非根本性的区别：人们至少能够印刷发行纸币，从而较长地维持这种纸币体系，而在由黄金保证的货币体系中，所有人都会很快地破产，除了富有的黄金货币拥有者。

再次强调：黄金货币始终是利息货币的一种形式，因为没有人会无息把黄金借给别人。与此相反，纸币则能够被自愿地，同时无息地转递，并由此处于一种稳定的状态。正是黄金的不朽的性质，以及由此产生的无限期储藏的可能性，使得资金的利率一旦下降，黄金货币很快就会退出流通。

相应的，以比今天更快的方式，富有者会变得更富，贫穷者会变得更穷。就是对整体经济，黄金货币也没有什么益处。

无法灵活地适应经济

在一个稳定的经济中，流通中的货币数量必须是随着经济产出的提高而增长的，因为生产出来的更多的产品需要更多的交换媒介。黄金货币不能灵活地适应变动的经济产出，因为黄金的开采不能与经济产出相对应地有所提高。这意味着，也许经济增长了，但黄金数量没有相应地增长。这样一来，与商品相比，货币更稀少了，也更值钱了。价格将会下跌，并出现一场通货紧缩。但是，一旦发生了通货紧缩，就不再能够被阻止，因为会出现一个价格下跌、企业利润下降、公司破产、工人失业、购买力下降、企业利润进一步降低这样一个恶性循环。最后，通货紧缩必定会导致经济危机，并最终导致为了争夺黄金的战争。这也是美洲大陆的印第安人几乎完全灭绝的原因：首先是西班牙人为了自己的货币制造想掠夺印加人和阿兹台克人的黄金。

如同古希腊的哲学家和数学家毕达哥拉斯在公元前 6 世纪就曾说过的那样："埃雷特·吕库耳戈斯，他唾弃万恶之源的黄金。"吕库耳戈斯是斯巴达人的一位古老的国王，他最先成功地用铁来铸造货币。

权力问题和黄金专制

如果在世界范围内货币价值同黄金相联系，少数的大的黄金生产者和拥有者就会得到巨大的权力。世界经济的繁荣或者衰弱就听任他们摆布了，完全取决于他们任何操控黄金数量或者黄金价格。所以，黄金货币很快就会导向一种新的专制——黄金暴力统治。

黄金货币异乎寻常的弊端

黄金货币至少有五个根本性的弊端：

存在通货紧缩的危险，因为作为货币的必须保证，黄金会由于储藏而从市场中被抽出，而新的黄金来源不是任意地可以发掘的。因此，通过黄金货币，经济增长是不可能实现的。

一旦出现微小的危机的迹象（如在 2011 年 9 月 11 日纽约恐怖袭击之后），黄金货币就会立即撤出市场，经济就会跌跌撞撞地走向不断自我增强的通货紧缩螺旋，任何人都无法阻止。

落后的国家将会"失血"而死，因为它们无法支付黄金，确切地说，不拥有黄金。可是，没有了起调节作用的汇率缓冲器，资金不断地从弱国流向强国。

因为在不同的国家之间没有一个平衡机制，所有的问题都是以黄金为尺度来一刀切的。

会产生一个权力问题——少数的大的黄金拥有者会取得世界范围的对货币和依赖于货币的人类的完全控制

权，即以黄金暴力为基础的黄金专制。由极少数的人负责经济是否能够运转。

货币的被误解的功能

国民中的大量的关于黄金货币的看法是基于一种对货币职能的完全错误的理解。很多人认为，货币就其自身来说必须有一种材料价值。可是他们忽视了，与货币相对应的商品是唯一的真正的保证。

货币是一种有价票证，它使人们可以获得任何的商品或者服务。在所有的经济形态中，最终只是商品和劳务相互交换。货币仅仅只是一种交换中介而已。可是，如果这种有价票证有自身价值的话，那么，它就会因为自身的价值而被储存，就无法履行它的作为交换中介的任务了。或者你会相信，一个百货公司的黄金做的有价票证真的能实现它的目的，推动客户的购买吗？

黄金没有绝对的价值

在进行的讨论中，黄金货币的赞同者总是喜欢指出："纸币没有价值。"他们忽视的是，根本就不存在绝对的价值。即使是黄金也可以变得一文不值：比如，一个在沙漠中渴得要死的人宁可要一杯水而不要一块黄金。是的，他愿意为了一杯"没有价值的"水放弃世界上的所有黄金！

围绕黄金货币的危险的讨论

关于黄金的错误看法也延伸到资金投资的问题上：在这方面的最大的错误就是，把黄金作为个人投资的讨论和黄金货币相混淆。这两者相互是没有什么关系的！将部分的资本投资于黄金，对于防范货币危机的各种可能完全是有意义的，而黄金货币制则是一个灾难，它将驱使各国直接进入黄金专制。在这种专制体制下，只有少数的黄金寡头垄断者实施权力；通过黄金数量来操纵经济。

所以，关于黄金货币的讨论是很危险的。由此，通过心理的手段，不明就里的人们就会被迷惑，而一个真正解决问题的彻底的货币改革就会被阻止。所以，非常重要的是，要向国民广泛地讲明（出于自身利益）正在着手引入一种黄金货币的利益集团的企图。

金本位制首先威胁私人黄金拥有者

如果一种黄金货币被引入的话，即使是私人拥有黄金也不能得到什么好处。只有当私人黄金拥有和黄金交易同时被禁止的情况下，金本位制才能被维持。否则的话，

来源:曼雷德·文策尔,科隆,1997 年

漫画 7:股市杂技团

可支配的黄金的数量就会有大的波动。这在最后的金本位制，也就是布雷顿森林体系（Bretton－Woods－System）时期已经出现了。在这个体系下，一直到 70 年代，私人黄金拥有在美国都是以重刑加以禁止的。当时，全部的私人黄金都必须被交给国家，当然，只得到一个少得可笑的补偿。认为在一种新的金本位制下黄金的拥有者会迅速发财，已经被证明是骗人的。如果人们必须像当年在美国那样，以极低的价格把黄金卖给国家的话。如果谁在黄金禁令后还拥有黄金，那么他就会受到处罚，他也根本不能使用黄金，因为那样的话他会有被抓住并投入监狱的危险。

与此相联系，产生的问题就是：每个人应该如何做好准备对付欧元的危险呢？

第十六章
防止个人财产贬值的措施

首先，每个人自己都应该清楚，到底会发生什么事？在这里，应该将观察的重点放在欧元上面。也就是说，我们应当先不管如何最好地克服即将来临的普遍的经济危机这个问题（作者的另一本著作《货币崩溃——危机指南：这样拯救你的财富》中涉及这个问题）。如同在"欧元毁灭之路的三种可能"一章中阐述的那样，存在很多的可能性来保护你的资金。首先，人们必须清楚，到底什么是货币以及它的作用是什么。

货币和货币债权

所有投资的最初形式是现金。现金在一定程度上是货币投资的基本方式，其他方式都是建立在它的基础之上的。现金是最具流动性的投资方式，它可以立即被使用。

223

可是非常重要的是，要弄清楚现金和货币债权之间的根本区别。

很少有人意识到在货币和货币债权之间是存在差别的。在这方面实际上是很简单的：纸币和硬币是人们可以用来在商店购买商品的。与此相反，货币债权是记录在纸上或者计算机里的存款。所以，被称为记账货币。据此，如借款、债券、储蓄存折、信用卡和活期账户等所有的这些投资方式，都属于货币债权。货币是书面确认购买力的一种文件，而货币债权是货币所有者归还货币的承诺。如果这个承诺被违背，那么，货币债权就失去了它的价值。比如说，一个破产的国家债券正如在一家破产的银行的活期存款一样，是没有任何价值的。但是，对于经济起决定作用的数值不是支付承诺，而是被确认的权利。货币债权虽然能使得支付往来更加便捷，比如说款项可以被转账，避免了运输的麻烦，但它对价格水平和经济发展没有什么影响。德国锡根综合大学的一项经验性研究表明，只有流通中的现金数量对价格的变化有影响，但没有发现价格变化与活期存款之间的关系。

转账货币的组成部分

到底什么是货币债权或者记账货币呢？这种表面上的货币由两部分组成：一部分是存款，第二部分是同样大小的贷款。通过将现金存入银行，银行再将其继续出借，就产生了过渡项目，即记账货币。在银行将钞票借给借款人后，同样的货币会在一家银行或者金融机构的货币流通中被多次入账。由此，记账货币的金额会大大地超过作为基础的现金。因此，记账货币增加不可能同流通中的现金增加一样，与价格水平之间存在关联关系。其简单的原因在于，记账存款和记账贷款的金额总是一样大的，它们会相互中和，也就是说结果是零。所以不存在能对经济发展产生影响的金融数值。与此相关经常会犯的错误是，仅仅把记账货币的存量与现金相比较，并从中得出结论：在当今，现金是不重要的。可是恰恰忘记了，每种转账货币或者记账货币都是表示一种对现金的债权，或早或迟会被重新换回到现金的形式。这种被缴入并且入账的货币在事实上也只能被一个人使用——或者是缴款人，或者是银行，或者是借款人。所以，不存在购买力的扩大。银行界声称，在当今，与转账货币或者记账货币相比,现金已经是不重要了。这种观点是没有根据的。特别是在危机中,货币和货币债权的清楚区分是具有决定性意义的。

流动性和真正的货币

总的来说,在每次经济危机中,流动性,也就是对财产的快速可支配性,是起着一个决定性的作用的。很多货币债权,也就是银行的承诺,在危机时期都变得不安全了或者甚至溶解了。比如说,在1998年俄罗斯金融危机期间,这种流动性的观点就变得很清楚了:为了不威胁到银行的流动性,在很短的时间内,俄罗斯的存款人的银行账户就被封闭了。尽管客户有合法的要求支付美元或者马克的权利,但是不可能被支付的。其结果是银行的自动取款机被抢占。用卡提取的现金数额上升到通常提款数的150倍。可是,不久后,自动取款机也被封闭了。在之后的过程中,各种现金,包括卢布都从市场上消失了。

由此得出的结论是:在经济危机中,很重要的是尽可能地保持财产的流动性,也就是快速的可支配性。鉴于欧元的问题,还要加上——必须保持正确的币种。

由于我们的出发点是一场全球性的经济危机，所以，无论如何不能选择美元，因为美元是被大大高估的，或早或迟都会发生相应的暴跌。这场暴跌的发生将会是如此快捷和突然，以至于根本没有时间将财产转换成其他的货币。同样，也必须避免那些与美元有着固定汇率的国家的货币，因为这些货币的币值也同样会发生大幅下跌。从总体上来说，应该避开所有实现固定汇率的国家，因为这些固定汇率规则总像是"定时炸弹"，迟早会通过出现的不平衡而破产。

另外的一种货币是日元，也是要非常谨慎地加以审视。现在，日本处于一场日益严重的债权危机之中。如果在一场世界性的危机中利息上升了，债务无法及时偿还，那么，货币的稳定也很快就会遭受损害。

无论如何值得推荐的办法是安排部分资金在其他的稳定的货币上。如果由于经济困难美元下跌了，欧元崩溃了，那么，我们可以期待，作为最后的稳定货币，瑞士法郎会大幅度升值。这主要是因为瑞士是一个小国，其货币瑞士法郎的总额相对较小。这就是说，如果对这种货币的需求增加，其汇率肯定会暴涨。此外，在过去，在每次的危机中和每次的战争中，瑞士法郎都曾是一种很好的投资方

式,因为它对其他货币的汇率每次都上升了。图表 14 显

瑞士法郎

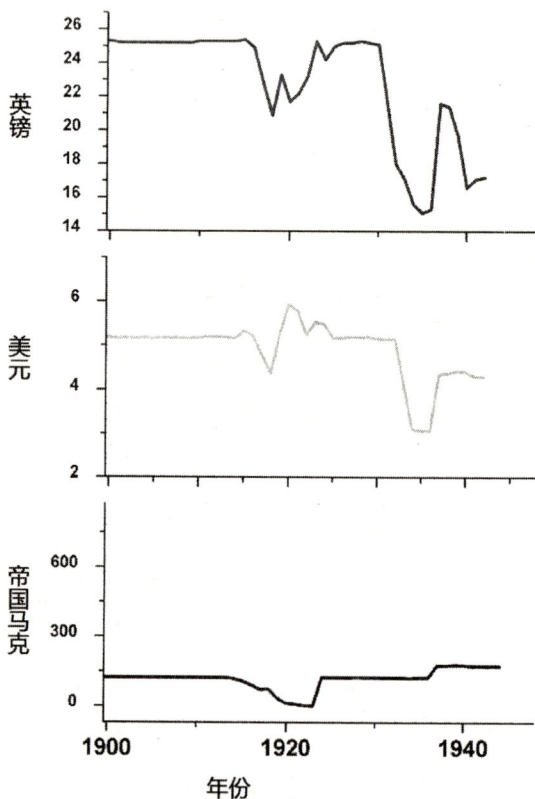

来源:德国联邦银行

图表 14:瑞士法郎的汇率变化

(下降的曲线表示法郎汇率的上升)

228

示了这种关联:分别表示的是瑞士法郎对英镑、美元和德国马克的汇率。在这里,下降的曲线表示瑞士法郎汇率的上升。首先值得注意的是,在第一次世界大战期间和战后以及在 1929—1939 年的世界经济危机中,瑞士法郎对美国和英国的货币具有很明显的赢利。由此,瑞士法郎是一种避险货币,它会从世界范围的危机中受益。在即将发生的欧元危机中,将会看到一个更清晰的发展。

投资于美元是危险的;

避开日元;

避开固定汇率的国家;

瑞士法郎是最后的一种稳定货币。

"谁不是用他的眼睛看,那他就将会用它来哭。"

——约翰·保罗(Jean Paul)

个人保障——需要做什么?

最重要的是,在今天要尽可能地避免债务,否则的话,在危机的情况下,由于贷款的通货紧缩性升值,你将面临上升的利息和银行粗暴的要求。在危机中通货膨胀将会使债务贬值的假设是错误的。更可能的是在一种不安全的状况下会出现通货紧缩，也就是债务的升值。

在这里，我们的祖父母的原则重新适用了，这就是只有当人们之前节省了，之后他才能够享受。你应该宁可放弃一些东西，而不是让自己通过债务陷入依赖，并失去安全感。如果说你已经有贷款，那么，与其他的货币决策相比，还款是具有绝对的优先地位。同时，你还应该注意尽可能地长期固定你的贷款利率，以避免不愉快的意外的利息上升。

如果你没有债务，而是有一些储蓄，那么就是货币的安全投资的问题。

什么是货币投资时重要的东西

在一场欧元危机中，金融市场的不安全感会大大增加，因为没有人知道，什么货币投资还能兑付现金，或者什么企业和银行会破产。

由此会产生利息之上的风险加价，因为资金出借人会要求支付债务人的上升的亏损风险。因为利息大幅度上升，有时会对许多货币投资产品产生灾难性的影响。

比如，固定利息的有价证券的行情会急剧下降，并且，债券的期限越长就越明显。此外,价格的下跌还由于预计将要发生的不安全感和由此产生的对这些有价证券的购买需求的回落。比如,在俄罗斯危机后,俄罗斯国债的拥有者就不得不承受 90％ 的价格损失,因为没有人再愿意购买这种债券。欧洲的债券,特别是弱国的这类债券在这种情况下就会特别受到威胁。因为在这些债券方面,风险加价和行情下跌将会是最大的。结论就是,人们只应该购买信誉较高的债务人的短期债券。

同时,股票市场的股票价格也会下跌,因为企业被剥夺了生存的基础,预计将要来临的不安全使得股票被大量出售。同样是欧盟的弱国的企业最多地被销售回落和破产所击中。这些国家的股票也是同样应该避开的,就如同要避开在危机中不再能发挥作用的行业里的企业一样。

随着债券和股票的下跌,建立在它们基础之上的基金股份也会下跌。这是一种广泛传播的谬误,认为投资于一种股票基金比直接投资于股票要来到安全。实际上恰恰相反,基金投资是更加不可捉磨的,因为你既不知道基金经理的具体投资,也无法对他们的行为方式施加影响。这些基金很快就会走到尽头,财产就会损失,而在直接投资于股票的情况下，你自己可以有所行动，控制局势。

所以，考虑到欧元危机，重要的是始终只能短期地、特别是投资于正确的货币（如所说的瑞士法郎或者挪威克朗）。资金必须始终是可支配的。如果在危机中你不能随意地支配这些资金，那么，一种高回报的货币投资对你又有什么用呢？在通货紧缩时期，你的银行可能会破产，而在通货膨胀时期，当你几年后重新拿到这些货币时，它们已经贬值了。

所以，基本原则是：货币投资的流动性和可支配性要优先于利润率。

在这方面还有一个进一步的、经常被忽视的观点：利润率越高，风险也就越高！今天的很多投资者对于高达10％的利润率已经习以为常。他们总是只关注高的利润率，轻率地投资于新工业化国家或者科技基金。很少有人会问，为什么利润率会如此之高？它之所以这么高，是因为在利息之上有一个高的风险补偿。以正常的利润率，根本没有人会投资于这样的高风险部门。所以，人们有必要以"超级利润率"来引诱投资者。正是在最近几年，越来越多的投资者认识到，这种投资不仅不能带来"超级利润"，反而经常会使资金全部损失。所以,一个明显高于正常水平的利率回报就是提醒人们要谨慎。

在最近一段时间里,国外的投资,特别是实行捆绑汇率的国家的投资也受到了青睐,因为在这些国家同样是高利润率在"招手示意"。然而,人们既不能对这些国家施加什么影响,作为普通公民也不可能完全了解那里的情况。比如说,如果土耳其申请破产了,违背约定,你的土耳其债券的偿还被延迟了,并且到最后根本什么都没有被支付,那你该怎么办呢? 在一场世界性的债务危机中,如果每个国家都只顾自身利益的话,这样的投资方式是首先会"付之东流"的。这意味着,一种货币投资在地理上最好也应该是"触手可及"的。如果说从土耳其不再能够向外汇款了,你能做什么呢? 投资的国家必须是如此之近,你可以相对简单地就到达那里。

再一次重申面对危机时货币投资的最重要的规则:

不要借债;

选择始终可以支配的短期投资方式;

不要从事高风险和高回报的货币投资;利润率越高,风险越高;

流动性(＝快速可支配性)优先于利润率;

资金必须不但在时间上而且在地理上总是可以取到。

谁拥有很多的钱,那么他可以用其中的一部分钱来接受一定的风险;作为小储蓄者,你当然应该更关注不要失去你的艰辛的积蓄。所以,你应该分散你的资金,比如投资于货币市场账户,你每天都能够提取你的存款。最好是在不同的银行开户,以便分散某个金融机构倒闭的风险。

其他的就是货币市场基金和储蓄存款。比如,人们可以将他的财产各 1500 欧元分配在很多的储蓄存款上。当每本储蓄存折每个月不用事先通知可以取 1500 欧元时,他就始终可以提取全部的资金。在货币市场基金方面,需要注意的是只投资于短期的(短于六个月)的年金债券(Rentenpapier),否则的话,人们会由于在危机中行情下跌的固定利息的债券而失去他们的财产。此外,基金拥有的债券只能是来自优秀的借款人。在保障措施方面,人们应该少关注利润率,相对于投资的安全来说,它是第二位的。

在这里,你不能忘记开一个瑞士法郎的外币账户。现在,很多银行提供这种账户。对于这种账户和货币兑换应该是没有费用的。同样，资金也应该是每天都可支配的。这种外币账户的利息是相对较低的。但是，我们考虑的不是一个尽可能高的利润率，而是针对欧元危机的保障措施。瑞士法郎相对于欧元的强劲的汇率盈利很快就会更多地补偿失去的利息盈利。

把部分的货币投资于黄金、白银以及现金（首先是瑞士法郎），比如说在银行的保险箱里，在恐慌的情况下被证明也是极其有益的。

在这期间，只有当你不需要借债，并且是自用时，才值得购买房产或者土地。在当今的这个领域过度投机的价格水平下，购买一个用于出租的房产基本上是不值的。很多年以来，这些资产只有微小的上升，但在危机中，由于过度负债的房屋拥有者越来越多地被迫出售房产，其价值会急剧下降。例如在 20 世纪 30 年代的世界经济危机中，在很少几年之内，房地产的价值下降了将近 90％。出于这个原因，通过购买实物资产来对付欧元危机的尝试是不怎么值得推荐的。

谁如果拥有很多资金，他可以合理地把这些资金一部分分配在高利润率的、安全系数低的投资上，而把另一部分分配在利润率低的、但是保险的投资组合上。

为了防止最坏的情况，建议将几千欧元换成瑞士法郎，将几千欧元（以小面额）寄存在防盗的银行保险箱里（最好在不同的银行）。这些货币是为了防止在一个严重的危机的情况下银行账户的支配性不再能被保证，以至于银行的窗口和自动取款机被突然关闭。

货币投资：

货币市场账户、货币市场基金、储蓄账户；

瑞士法郎的外币账户；

欧元、瑞士法郎和黄金、现金在银行保险箱。

第十七章
总结和展望

当十几年前欧元引入的时候，从官方的角度来看，这是"幸福"时代的开始。可是，当今天人们回望时，却发现灾难接踵而来。

首先是"贵元"带来的不快，因为在欧元现金引入后，企业大幅度提高了价格，"慷慨地"将本币价格转换成了欧元价格。然后是德国的经济崩塌，因为我们必须用我们的高利息来资助前弱币国家的低利息。

在当前的经济危机中情况更糟，因为又是这些前"弱币国家"陷入了困境，除了它们泛滥的贸易赤字以外，它们不得不接受对它们国债的大幅度利息加价。由此，在欧元区产生了严重的、不断上升的紧张气氛，这种状况最终将导致欧盟的崩溃。

人们就是不能把经济状况完全不同的国家，如德国和

237

希腊放到一个货币的大锅里,然后相信其结果会比单一国家的状况要好。在以前,每个国家能够遵循适合自己的货币政策,而欧元引入后,所有国家的政策都一刀切了。

许多的情况表明,被欧盟中的大多数人拒绝的欧元是被强迫地和威胁地引入的。在两德统一的过程中,德国在1992 年在《马斯特里赫条约》的签字以及由此决定的德国对货币自主权的放弃,很可能是同盟的大国们同意德国重新统一的一个条件。所以,既没有对这个不受欢迎的欧元工程进行全民公决,也不允许在联邦宪法法院对这种单一货币进行控告。民主不可能来自这样一个非民主的工程,这一点是显而易见的。

所以也不奇怪,通过欧元,欧盟日益发展成为一个非民主的中央集权国家,在这样一个国家中,国民不再有什么话语权。

这样一种强制产物的结局只能是崩溃。这种崩溃造成的损害将由几代人来承担。对于个人来说,只能通过适合的投资来为这种崩溃做准备。

（京）新登字083号

图书在版编目（CIP）数据

即将来临的欧元灾难/［德］汉尼希著；张利华译. —北京：中国青年出版社，2013.1
ISBN 978-7-5153-1362-7
Ⅰ.①即... Ⅱ.①汉...②张... Ⅲ.①欧元—研究
Ⅳ.①F825
中国版本图书馆CIP数据核字（2012）第295293号

Title of the original German edition:
Author: Guenter Hannich
Title: Die kommende Euro–Katastrophe
© 3rd edition, 2010 by Finanzbuch Verlag an Imprint of Muenchner Verlagsgruppe Gmbh, Munich, Germany www. Finanzbuchverlag.de

北京市版权局著作权合同登记 图字：01–2012–8980号

出版发行：中国青年出版社
社　　址：北京东四十二条21号
邮政编码：100708
网　　址：www. cyp. com. cn
编辑电话：(010)57350508
责任编辑：李茹 liruice@263.net
营　　销：北京中青人出版物发行有限公司
电　　话：(010)57350517 57350522 57350524
印　　刷：北京嘉业印刷厂
经　　销：新华书店

开　　本：880×1280 1/32
印　　张：7.75
插　　页：2
字　　数：110千字
版　　次：2013年1月北京第1版第1次印刷
定　　价：26.00元

本图书如有印装质量问题，请与出版部联系调换联系电话：(010)57350526